NOTRE-DAME DE CHARTRES

Par Alexandre ASSIER.

« Quæ qui non vidit, jàm similia non videbit, non solùm ibi, sed in totâ Franciâ penè... »

Pièces justificatives, p. 201.

« Chartres redeviendra, plus que jamais, le centre de la dévotion à Marie en Occident : on y affluera, comme autrefois, de tous les points du monde. »

Mgr PIE.

PARIS
DUMOULIN, LIBRAIRE, QUAI DES AUGUSTINS.

CHARTRES	TROYES
PETROT-GARNIER	ALEXIS SOCARD
libraire.	libraire.

OUVRAGES HISTORIQUES DU MÊME AUTEUR.

Les Archives curieuses de la Champagne et de la Brie, in-3°, Paris, Techener, 1853.

Légendes, Curiosités et Traditions de la Champagne et de la Brie, in-8°, Paris, Dumoulin, 1860.

Le Bibliophile du département de l'Aube, 12 livraisons in-8°, Troyes, Bouquot, 1853-1856.

Livres liturgiques du diocèse de Troyes, imprimés au XVᵉ et au XVIᵉ siècle, in-8°, Paris, Aubry, 1863.

Bibliothèque de l'amateur Champenois, in-12, 12 livraisons, Paris, Dumoulin.

Arcis-sur-Aube. — Imprimerie Frémont.

NOTRE-DAME

DE CHARTRES.

Tiré à 250 exemplaires.

N°

Arcis-sur-Aube. — Imprimerie Frémont.

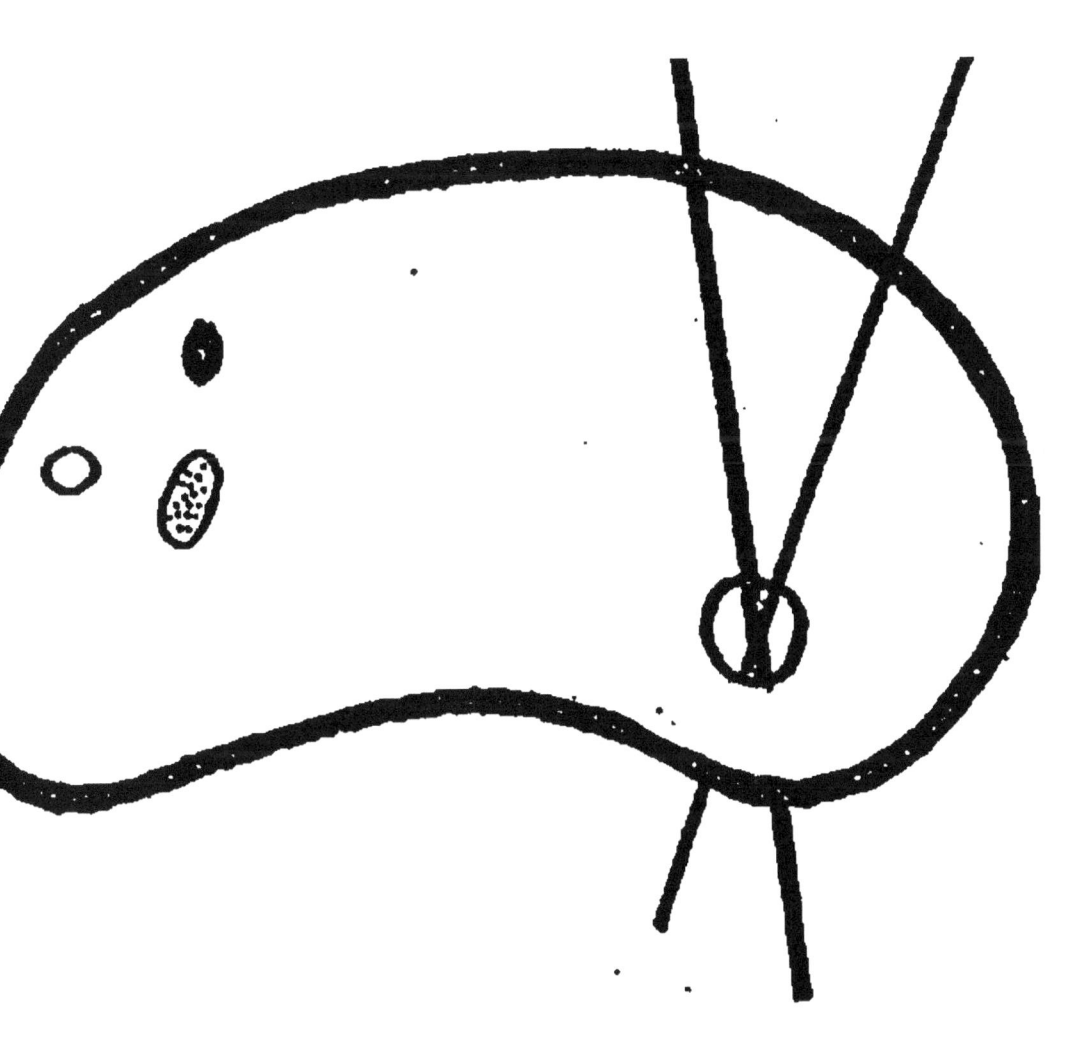

NOTRE-DAME DE CHARTRES

Par Alexandre ASSIER.

« Quæ qui non vidit, jam similia non videbit, non solùm ibi, sed in totâ Franciâ
René... »

Pièces justificatives. — p. 201.

« Chartres redeviendra, plus que jamais, le centre de la dévotion à Marie en Occident : on y affluera, comme autrefois, de tous les points du monde. »

Mgr PIE.

PARIS
DUMOULIN, LIBRAIRE, QUAI DES AUGUSTINS.

CHARTRES	TROYES
PETROT-GARNIER	ALEXIS SOCARD
libraire.	libraire.

1865

AVANT-PROPOS.

Jeune orphelin, je fus envoyé à Chartres en 1843 pour y remplir les modestes fonctions de professeur dans l'institution la plus florissante de cette cité. Je dirigeai d'abord mes pas vers cette majestueuse cathédrale dont la renommée s'est propagée depuis si longtemps dans l'univers catholique. Je visitai sa crypte déserte et si célèbre avant 93, j'admirai ses clochers, ses innombrables statues de saints, de rois et de docteurs et ses magnifiques vitraux.

Mais un attrait irrésistible m'entraîna vers cette *Vierge noire du pilier* aux pieds de laquelle je vis Monseigneur de Montals, seul sous l'œil de Dieu et de sa divine Mère, puisant sans doute à cette source féconde cette éloquence avec laquelle il terrassa plus d'une fois les ennemis de l'Eglise. Ce spectacle si touchant remplit mon âme de la plus vive émotion. J'adressai de ferventes supplications à cette Vierge si puissante et lui demandai la grâce de persévérer dans la foi de mes pères. Dois-je le dire? Dans cet épanchement je fis le vœu peut-être téméraire de publier quelques unes des merveilles opérées par la *bonne dame* de Chartres, semblable à ces naïfs pèlerins qui, sans nul souci, quittaient au XIIIe siècle leur pays lointain, pour venir offrir leurs bras au *maitre de l'œuvre* chargé de la construction de la basilique.

L'archéologie venait alors contempler le monument et lui assigner une date plus récente, déclarant que l'église de Fulbert avait disparu dans un incendie. Les historiens de Chartres, compulsant les chroniques et les nécrologes, découvraient en effet les traces d'un vaste incendie qui dévora la cathédrale et presque toute la ville en 1194, comme semblaient l'indiquer ses admirables verrières et ses splendides porches presque tous dus à la libéralité de saint Louis, de saint Ferdinand de Castille, de Pierre Mauclerc et des puissantes corporations du XIIIe siècle.

Vingt ans se sont écoulés depuis cette époque. Beaucoup d'ouvrages ont été publiés sur Notre-Dame de Chartres, parmi lesquels nous aimons à citer la savante *description* par M. l'abbé Bulteau, dont les consciencieuses recherches ont été si justement appréciées par les archéologues et par les historiens. Le Gouvernement lui-même a entrepris la *Monographie* complète de cette basilique et en a confié les dessins à des artistes distingués. Mais il n'appartient qu'à Monseigneur Pie « qui a rassemblé avec tant d'amour tous les monuments de la gloire de Notre-Dame, » de nous raconter dignement les prodiges opérés dans cette grotte druidique consacrée depuis tant de siècles à la vierge Marie. En l'appelant au siége de Poitiers pour défendre l'Eglise comme le vaillant athlète dont il nous retraçait en 1857 la glorieuse vie, la Providence lui permettra-t-elle de combler le plus ardent de ses désirs? Sa voix éloquente a déjà plus d'une fois retenti sous les voûtes séculaires de Notre-Dame et des milliers de fidèles, entraînés par ses accents prophétiques, sont accourus comme dans les siècles écoulés.

Pour moi, faible et obscur pèlerin, je me contenterai de publier les matériaux que j'ai patiemment recueillis et d'accomplir ainsi mon vœu, persuadé que le lecteur me saura quelque gré de mes efforts. Qu'il me soit permis, en terminant, d'exprimer ma gratitude aux personnes bienveillantes dont les travaux m'ont puissamment aidé dans mes recherches ou qui m'ont accueilli avec une bonté dont j'ai gardé le souvenir. J'aurais voulu leur offrir un ouvrage plus complet, plus savant, mais si, loin de Chartres, dans la vieille capitale de la Champagne, je n'ai pu leur raconter dignement les merveilles de Notre-Dame; j'aurai du moins prouvé que je sais reconnaître leur bienveillance. *Ero enim in summâ inopiâ gratus, et quùm omnia mihi deerunt, supererit animus* [1].

Troyes, 30 juillet 1866.

ERRATA.

Page 12, ligne 17, au lieu de : Un frémissement se lève, lisez : UN FRÉMISSEMENT S'ÉLÈVE.

Page 14, ligne 18, au lieu de : un Gaulois pour un coq : UN COQ POUR UN GAULOIS.

Page 48, lignes 11 et 12, au lieu de : les deux étages de la façade qui les séparent : LES DEUX ÉTAGES INFÉRIEURS DE LA FAÇADE QUI LES SÉPARE.

Page 80, ligne 7, enfourchent : ENFOURNENT.

Page 108, lignes 4 et 5, au lieu de : tous les panneaux inférieurs dont les légendes sont consacrées : TOUS LES PANNEAUX INFÉRIEURS DANS LES LÉGENDES SONT CONSACRÉS.

Page 127, ligne 22, parvient-il : PARVINT-IL.

---

[1]. SÉNÈQUE, *De Beneficiis*. Liv. IV, c. 10.

ORIGINE

DE

NOTRE-DAME DE CHARTRES.

« Pourquoi ne rappelerais-je pas tout d'abord que d'antiques traditions, consacrées par notre vénérable liturgie, rattachent la fondation de ce temple à des âges qui ont précédé le christianisme ? »

      Mgr PIE, *Discours à la cérémonie du couronnement de Notre-Dame de Chartres,* le 31 mai 1855.

I

LES DRUIDES.

« Les Druides se seroient sentis inspirez d'en haut de dédier un autel et une image à la Vierge qui enfanteroit, au mesme endroit où est encores l'autel de Nostre-Dame soubsterre. »

Sébastien Rouillard, Parthénie, page 13.

. . . . « de Chartres la cité,
La mère Dieu sapela Dame....
A Chartres la doit len requerre
Comme en sa chambre especial,
Et comme en son pales roial,
Ou len la sert comme raine. »

Livre des Miracles de Notre-Dame de Chartres, page 9.

SI vous allez à Chartres, vous ne retrouverez plus l'antique *Autricum* des Druides, ni la poétique cité des Thibaut. La ville moderne n'a plus cette éclatante splendeur constatée par les anciens géographes. Elle a beau se parer d'élégantes maisons; ses pénibles efforts, en détruisant l'unité, lui ont fait perdre sa religieuse physionomie. Ses églises gothiques rappellent encore, il est vrai, son caractère primitif ; mais ce n'est plus le moyen-âge avec ses mille madones, ses pèlerins et sa brillante cour où chantaient les trouvères. Pour qui ne sait pas découvrir l'empreinte du passé dans les rues étroites et tortueuses de nos cités, Chartres aujourd'hui si mélancolique, n'est plus qu'une simple station de chemin de fer. Mais pour quiconque est antiquaire, poëte ou artiste, Chartres semble encore une petite oasis monumentale au milieu des vastes déserts de la Beauce.

Le plus admirable de ses monuments est sans contredit cette majestueuse cathédrale qui se dresse sur l'antique colline des Carnutes. Quand vous la visiterez, ce qui vous plaira, ce sera sans doute le travail délicat de ses ornements, l'audacieuse élévation de ses flèches aériennes. Mais si vous procédez à la lente et minutieuse analyse de l'édifice, vous découvrirez de ravissantes beautés que la plume ne saurait décrire, car le texte qui se déploie devant les yeux est trop sublime pour que la traduction en soit fidèle. Vous ne verrez pas un nom qui vous indique le patron de la basilique, pas une lettre qui vous révèle le nom d'un habile architecte ; mais en revanche, une grande figure se trouve sculptée sur la pierre des portails et coloriée sur les vitraux. La Vierge est partout dans sa *Notre-Dame*, dans l'église que de ferventes populations lui ont élevée dans leur amour. Vous pouvez la contempler à chaque pas, présentant le divin Jésus aux Mages, ou plongée dans une profonde douleur, suivant le Sauveur sur le Calvaire, ou plus souvent encore montant au ciel, escortée de chérubins et de séraphins et recevant les hommages d'une foule innombrable de pèlerins.

Si vous êtes surpris de cette profusion de vierges et de madones, vous fouillerez les archives et vous y lirez à la première page toute une délicieuse histoire. Chartres ne vous apparaîtra plus avec cette sombre perspective qui peut attrister le voyageur ; vous verrez au contraire s'élever devant vous une ville privilégiée où la vie est dans toute sa plénitude. Vous la contemplerez sous son véritable aspect. Ce ne sera plus une station de commerçants et de voyageurs, mais la *ville de la Vierge* où accourront de toute la France, de l'Angleterre et de l'Italie, des milliers de pieux pèlerins.

Faites un pas dans cette religieuse cité, vous rencontrerez partout et sous mille formes le nom de Marie. De nombreuses statues seront érigées au coin des rues, au frontispice des maisons particulières. Sur les ponts, même décoration, même piété. Quelquefois des inscriptions vous rappelleront le culte de la Reine des Cieux et vous inviteront à dire un *Ave*. Les portes seront toutes ornées d'une statue de Notre-Dame, souvent surmontée de la légende *Carnutum tutela*. Pour compléter le tableau qui se déroulera sous vos yeux, vous ne vous arrêterez point aux échoppes historiées des marchands, ni à l'opulent manoir d'un officier royal ou d'un chevalier. Figurez-vous une ville perpétuellement parcourue par une foule de pauvres femmes et de petits enfants qui viennent implorer le secours de *Notre-Dame*, des religieux et des prêtres marchant sur deux longues files en procession, des boutiquiers allant et venant pour vendre des médailles ou des *chemisettes*, des bourgeois sur le seuil de leurs maisons accueillant avec grâce les pèlerins et vous aurez une idée de Chartres au moyen-âge.

Sébastien Rouillard, qui recueillait dans le bon vieux temps les récits des voyageurs pour en composer un volume, vint à Chartres vers l'an 1608. L'immense concours des fidèles, *qui pernoctoient dans l'église, dans les grottes, faute de logement,* et surtout la renommée dont jouissait la cathédrale, frappèrent d'admiration le bon avocat du parlement de Melun. Se défiant des vagues rumeurs, il consulta les archives et fouilla si bien les antiquités grecques et latines qu'il parvint à appuyer de toute son autorité la tradition locale qui faisait remonter jusqu'aux Druides l'origine de Notre-Dame. Il composa cette *Parthénie* si délicieuse où se trouvent plus de cent pages consacrées à la réhabilitation des prêtres gaulois.

La scène se passe dans les forêts d'*Autricum*, sous les dalles de la cathédrale. Le sol, les acteurs, les spectateurs, tout va se métamorphoser sous la plume de Rouillard.

« Nous sommes au temps des Galls ou plutôt des Kymris dont la religion semble plus élevée que celle de leurs devanciers. Le druidisme domine partout, la Gaule entière est soumise à ses lois, à ses usages et à ses dieux.

« Les vates ont parcouru les bourgades, le grand jour approche, le sixième jour de la lune. On sait que le *gui* sacré doit être coupé à cette époque, que les jugements doivent être rendus et les grandes questions décidées. Les Druides commencent à sortir de leurs cavernes et de leurs souterrains pour se préparer aux cérémonies. De tous côtés on ne rencontre que bardes et messagers dont la voix tonnante retentit dans les forêts. Les peuples s'ébranlent, les chefs et les cavaliers s'arment du glaive et de la lance et se mettent en marche pour arriver au jour fixé dans le bois d'Autricum.

« C'est pourtant une triste saison ; les feuilles jaunies et privées de sève sont tombées des arbres, la nature sommeille, tout en elle dort, les parfums et les floraisons. Le soleil ne jette qu'à de rares intervalles de pâles rayons à travers cette immense suite de forêts qui couvrent le sauvage pays des Galls et des Kymris. Mais il plaît aux Druides de cueillir le *gui* dans une froide saison, lorsque la plante est le plus visible et que ses longs rameaux verts présentent seuls l'image de la vie au milieu d'une nature triste et déserte.

« Les chefs et les cavaliers ont bientôt dépassé les dernières demeures des bourgs et des cités et s'avancent sur le chemin qui conduit aux bocages sacrés des Druides. Arrivés à l'entrée des forêts, ces guerriers intrépides sur le champ de bataille sont tout à coup saisis d'effroi. Plus d'un chef voudrait bien se retirer, ne point prendre place dans l'assemblée ; mais les Druides sont inexorables dans leur colère et la voix frémissante des hérauts se fait entendre, annonçant aux guerriers les vengeances exercées contre les derniers venus :

« En avant !

« Les bocages sacrés où réside Teutatès n'ont point gémi ; les arbres et les dolmens sont silencieux.

« En avant !

« Sans doute le silence de ces bocages nous annonce un heureux évènement. Les Druides nous ont appelés. Arriverons-nous ?

« En avant !

« Si vous craignez d'être chassés des sacrifices et d'errer dans les forêts comme des bêtes fauves, si vous ne voulez point périr dans les tortures et entendre vos fils siffler autour de vous !

« Ce bardit ranime le courage défaillant des Galls et des Kymris ; les guerriers se hasardent dans les sombres détours des bois. Bientôt de sinistres bruits retentissent de tous côtés, soit qu'ils proviennent de boucliers attachés aux branches de la forêt ou de squelettes suspendus dont les os s'entrechoquent avec un bruit sec, soit qu'ils s'échappent de grossiers instruments. Pour ceux qui savent que ces boucliers et ces squelettes sont ceux des coupables qui ont péri sur l'autel du dieu sanglant, la frayeur devient plus intense, surtout s'ils se rappellent que le crime de ces victimes fut la moindre résistance aux volontés des Druides. Les chefs et les cavaliers continuent toutefois leur marche, toujours poussés par la voix retentissante des bardes. Ils pénètrent dans des lieux encore plus redoutables, parcourent les endroits où les forêts deviennent plus sombres, où les monuments sont marqués du sang des victimes et arrivent à une enceinte au milieu de laquelle s'élève l'image grossière du dieu sanglant de la Gaule.

« Cependant les ombres des chênes se sont insensiblement allongées sur la terre, la nuit est descendue noire et silencieuse. Les peuples se rangent autour de l'enceinte, glacés d'effroi, n'osant porter leurs regards sur l'image colossale qui se dresse devant eux. Tout-à-coup la forêt s'éclaire de torches nombreuses ; de la partie la plus secrète sort une longue file de prêtres et de prêtresses. Des bardes pinçant de la lyre marchent les premiers, entourés de jeunes filles chantant des hymnes sacrés. A la suite viennent les sacrificateurs et les victimaires avec les brebis, les chèvres et les taureaux. Un héraut les précède, faisant entendre ces mots connus de toute la Gaule : *l'an neuf ! au gui de l'an neuf !* Derrière, à quelque distance apparaissent les Druides aux robes blanches, aux bracelets d'or et les Druidesses, couronnées de verveine et dont la voix mélodieuse dévoile l'avenir.

« Quand les cérémonies sont achevées, les jugements rendus et les graves questions décidées, chaque cité se prépare au départ, lorsque les vates annoncent que le chef suprême veut parler à la Gaule. Saisis d'une religieuse terreur, les peuples restent silencieux et prêtent une oreille attentive. L'*Archidruide*, couronné de lierre, la taille entourée d'une ceinture de lames d'or, s'avance majestueusement à la lueur des flambeaux et monte sur la masse de granit qui lui sert de tribune. Va-t-il déclarer la guerre, envoyer des colonies au delà des Alpes ou des Pyrénées ? Ou bien condamnera-t-il des malheureux dont la puissance lui porte ombrage ? Nul ne le sait. Mais les traits de son visage expriment une sorte d'allégresse que ses regards veulent communiquer à l'assemblée. Bientôt sa voix se fait entendre du haut de son énorme dolmen :

« Ciel, s'écrie-t-il, pourquoi mettre tant de re-
« tard dans l'accomplissement de nos vœux? Je
« désirerais que du haut de ta voûte descendît le
« Juste promis depuis tant de siècles à l'univers !
« L'âge qui glace déjà mon corps et qui dévore
« ma vigueur ne me permettra point de voir cet
« heureux évènement; mais au moins, divinité
« suprême, je te rends grâce d'avoir inspiré
« notre sacré collége d'avoir anticipé la venue
« de notre Sauveur et de consacrer une image
« à celle qui doit enfanter le Juste. Princes et
« nobles, vous tous ici présents, vous qui, dans
« nos écoles avez été imbus de ce mystère, ne con-
« sentirez-vous pas à offrir vos hommages à cette
« nouvelle divinité ? N'accorderez-vous pas vos
« suffrages à ce saint décret de notre collége?

A ces paroles un frémissement se lève par tout le corps des sacrificateurs, des druides et des druidesses. Les chefs et les cavaliers se hâtent de donner leurs suffrages et font retentir la forêt de leurs applaudissements. L'*Archidruide* descend de sa tribune, entre dans une grotte voisine, suivi des nobles et de quelques prêtres et fait placer la statue de la Vierge sur un autel. Puis prenant la parole et tenant le poteau de l'autel, il dit à haute voix :

« Je te dédie en l'honneur de la Vierge qui doit
« enfanter et j'ordonne que toute la Gaule vienne
« t'adresser de solennelles prières dans cette
« grotte, au pied de ton image. O Vierge, dont la
« naissance est seulement connue du ciel, si notre
« piété anticipe sur le temps, daigne anticiper
« sur nous l'effet du salut que nous attendons de
« ton saint enfantement ! »

Telle se présentait à l'imagination de Rouillard l'origine de Notre-Dame-de-Chartres, entourée de je ne sais quel air de grandeur et d'antiquité qui lui ferait assigner le premier rang parmi les églises dédiées à Marie. Mais il paraîtrait naïf, comme on le voit, de prendre au sérieux, même pour la critiquer, l'exposition de cette question historique, telle qu'on peut la lire dans la *Parthénie*. Jouant sur les mots, à l'aide du grec et du latin, le bon avocat de Melun établit des controverses sur un texte pour vous prouver que la Palestine n'était pas la seule contrée capable de protester contre l'impiété idolatrique par sa merveilleuse et surnaturelle exception. Ainsi il trouve dans le poète Lucain une aspiration sur le mot *Hésus*, donc Hésus signifie le nom du Sauveur, Jésus! *Teutatès* se métamorphose en Moïse, véritable figure du vrai Dieu, du Père éternel. Pour compléter le grand mystère de la sainte Trinité, Rouillard se rappelle que l'Esprit-Saint souffle où il veut et vous déclare qu'il a surtout répandu sa divine lumière sur les Druides « ces saintes âmes d'une douce et débonnaire nature, ces chrétiens dans l'ombre, qui ne cueillaient le gui que comme la figure du Sauveur qui devait être attaché à l'arbre de la croix. » Puis voyez comme les localités dans l'esprit de ce docte écrivain concordent merveilleusement avec les prophéties de la Judée. Cette Beauce chrétienne, cette maison de pain figure Béthléem; la forêt d'*Autricum* rappelle l'*in campis sylvæ* du roi prophète, et Job sur son fumier prophétise l'inspiration des Druides par ces simples paroles : *quis dedit intelligentiam gallo*[1]?

Sans admettre les récits d'un homme qui prend un Gaulois pour un coq, nous savons que les Druides séjournèrent longtemps dans les vastes solitudes de la Beauce. S'il en faut même croire les vieilles traditions, le pays des Carnutes n'aurait point été une de ces terres où vivaient disséminées de misérables peuplades sans force et sans constitution ; c'était au contraire une de ces con-

---

1. *Parthénie*, pag. 85 bis.

trées où les peuples se distinguaient surtout par leur caractère religieux et jouissaient de toutes les institutions introduites par le druidisme. Chaque année les descendants de Brennus, armés de la lance, y venaient, sous l'œil des prêtres, délibérer de la paix ou de la guerre dans un endroit qui passait alors pour le point central de la Gaule.

La jeunesse carnute, peu sensible aux émotions de la guerre, brigua de bonne heure, dans le silence des forêts, les fonctions sacerdotales et ne se leva que lorsque César vint frapper le druidisme dans son sanctuaire[1]. La lutte fut terrible et se prolongea même après la sanglante défaite d'Alésia où Vercingétorix avait succombé avec toute la Gaule. Il ne fallut rien moins que les sanglantes proscriptions de Tibère et de Claude pour reléguer les Druides sous le ciel brumeux de l'Armorique. La Beauce possède encore de grossiers monuments qui se dressent dans ses plaines, tous aussi gigantesques qu'au temps des Gaulois et qui attesteraient la puissance du druidisme dans cette contrée, si César ne l'avait point lui-même constatée dans ses commentaires.

1. *Histoire de Chartres*, par DE LÉPINOIS, tome 1, page 9.

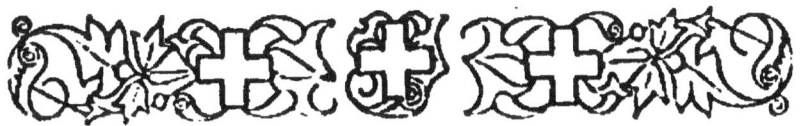

II

LES CHRÉTIENS.

« Le Saint-Esprit poussa saint Potentian, saint Altin et saint Edoald, arrivez dans Chartres, de tendre droit à la grotte de la Vierge du Béthléhem ou de la Beaulse des Gaules,... où bientôt les apôtres ne virent que Druides et Chartrains baptisez. »

Sébastien ROUILLARD, *Parthénie*, page 110 *bis*.

Quelque temps après la mort du Sauveur, trois hommes vinrent à Autricum. C'étaient des disciples des apôtres, hommes vêtus avec simplicité et n'ayant aucune influence parmi les grands propriétaires de la Gaule. A peine entrés dans la cité, ces disciples s'acheminent vers la grotte où les Druides avaient jadis élevé un autel à la Vierge. Beaucoup de personnes les y suivent, admirant sans doute l'éclat de leur visage et la gravité de leur geste. L'un d'eux, après s'être agenouillé devant la statue, se lève et prend la parole :

« Nobles Chartrains, dit-il, je vois que Dieu
» vous a aimés plus que d'autres peuples, puis-

» qu'il a daigné vous révéler, même au milieu du
» paganisme, le mystère de l'incarnation du Verbe.
» Il a fallu que vos âmes fussent bien pures pour
» qu'il vous inspirât de dédier cette statue et de
» consacrer cette grotte à la Vierge qui devait
» enfanter le Sauveur des nations. Mais cette Vier-
» ge est née, les prophéties sont accomplies. Ce
» gui, ce sauveur que vous espériez du ciel, a été
» engendré et attaché à cet arbre de la croix que
» vous avez toujours honoré. Le pain et le vin
» que nous offrons ne sont plus que les appareil-
» ces sous lesquelles subsistent réellement le corps
» et le sang de ce Jésus qui nous a rachetés. Pour
» participer à la grâce de la Rédemption, il faut
» que vous soyez régénérés par l'eau de ce puits
» attenant à votre autel. Nous avons connu à
» Rome des Druides et des Carnutes ; ces âmes
» généreuses ont embrassé la foi de Jésus. Ne
» vous sentez-vous point la force de suivre leur
» noble exemple? O mon Dieu, continue-t-il en
» élevant les yeux vers le ciel, touchez les cœurs
» de ces habitants, et vous, Vierge sainte, douce
» Marie, que ce lieu soit un de vos sanctuaires
» privilégiés et que dans les siècles qui s'écoule-
» ront les hommes y viennent de toutes les extré-
» mités du monde pour y recevoir vos faveurs! »

A ces mots, les assistants se jettent aux pieds des pauvres étrangers et les invoquent comme des anges descendus du ciel pour leur annoncer la bonne nouvelle. Potentien bénit alors la statue de la Vierge et donne le baptême à beaucoup de Carnutes. Quirinus, gouverneur du pays, persécute ces premiers chrétiens parmi lesquels se trouvait sa fille Modeste. Ces fidèles souffrent la mort et sont jetés dans un puits qui conserve encore le souvenir de leur héroïsme[1]. Potentien seul échappe aux poursuites avec ses deux compagnons Altin et Edoald et va souffrir le martyre dans la ville principale des Sénons, après avoir annoncé l'Evangile dans la cité des Tricasses et dans beaucoup d'autres contrées[2].

Des historiens n'ont regardé ce récit que comme une pieuse conception du naïf Rouillard ou comme une de ces fables inventées pour flatter

1. *Puits des Saints-Forts* comblé plus tard « à cause des vapeurs dont il remplissoit ces lieux souterrains. » *Histoire de Chartres*, Mss de Pintard, page 707.

2. M. l'abbé Bulteau, dans sa *Description de la Cathédrale de Chartres*, croit avoir découvert le martyre de ces premiers chrétiens à la façade septentrionale, sur la face du porche qui regarde le clocher neuf et sur la première verrière de la chapelle du Sacré-Cœur de Marie.

l'amour propre des cités. Il est bien vrai que le bon avocat du parlement de Melun s'est permis, d'après une simple tradition, de nous raconter ces évènements comme un véritable témoin oculaire, mais il n'en faut pas moins reconnaître que la tradition qu'il s'est chargé d'embellir sous sa plume constate un grand fait, l'érection d'une statue de la Vierge longtemps avant la naissance du Sauveur.

On sait que la *Vierge-Mère* était connue chez les peuples les plus reculés, que les Chinois eux-mêmes comme les Indiens, attendaient « le saint qui devait recevoir le jour d'une vierge sans tache. » Cette croyance se trouvait si bien propagée dans les provinces que, lorsqu'un homme de génie brillait dans le Céleste-Empire, les peuples poussaient des cris de joie « comme si la fleur désirée avait conçu le Sauveur des empires. » Sur les rives de l'Indus, les doctes personnages attendaient chaque jour le grand brahmine qui devait purifier la terre, tandis que sur les bords de l'Euphrate les mages regardaient quelquefois au firmament pour voir si ne brillait point l'étoile qui devait annoncer au monde cet heureux évènement.

Parmi les nations que nous admirons, on compte

généralement la Grèce, cette terre classique dont le nom rappellera toujours à l'esprit l'amour de la gloire, des sages institutions et de la liberté. Lorsqu'on nous représente ses philosophes comme des érudits toujours en voyage pour découvrir quelques vérités, il est bien difficile de croire que la haute science des Grecs ait été surpassée par le mysticisme des Indiens et que des hommes tels que Socrate et Platon, dont la renommée s'est répandue dans toutes les contrées, aient ignoré ce que de pauvres brahmines enseignaient dans leurs colléges sacerdotaux. Les plus sceptiques veulent bien avouer que Platon connut le dogme de la Trinité et qu'il l'emprunta de Timée de Locres, qui le tenait lui-même de l'école italique. Quelques auteurs, au nombre desquels on doit compter les principaux Pères de l'Eglise, soutiennent que la philosophie des Grecs s'est quelquefois approchée de la pure doctrine et que l'évêque d'Hippone découvrit dans un traité des Platoniciens les vérités de la foi relatives au Verbe de Dieu, telles qu'elles sont énoncées dans le premier chapitre de l'Évangile de saint Jean. Ce qui permet de croire que Josèphe, Origène et saint Justin ne se trompaient point, lorsqu'ils prétendaient que Platon n'avait pas ignoré l'existence des livres hébreux. A la suite du célèbre disciple de Socrate, les mêmes auteurs citent des historiens, des poètes, surtout cet Eschyle qui semble « préconiser la Vierge qu'une main divine doit seulement toucher pour devenir mère du *Dieu fort*, le libérateur des opprimés. »

Les Romains eux-mêmes en introduisant dans leurs écoles la philosophie des Grecs reçurent les grandes traditions comme un précieux dépôt. Longtemps avant le Messie, de vagues rumeurs couraient dans les provinces; de tous côtés on entendait des voix étranges qui proclamaient l'avénement prochain du nouveau roi qui devait gouverner Rome. Les historiens, qui rapportaient fidèlement les traditions, consignaient dans leurs annales les bruits populaires. Suétone, l'historien des Césars, et le grave Tacite proclament que les maîtres du monde doivent sortir de la Judée[1]. Virgile, dans un poétique enthousiasme, célèbre presque la naissance « du divin enfant dont les vertus ramèneront l'âge d'or, ce temps délicieux où les hommes vivaient dans l'innocence, » et se rappelle que le Sauveur doit naître d'une vierge, suivant les prédictions de la Sibylle.

1. TACITE, *Histoires*, lib. V, 13. — SUÉTONE, *Vespasien*, 4.

Je n'ose point prétendre que les traditions aient eu quelque influence sur les masses, car nous savons que les dieux étaient devenus si vils à Athènes que les poètes flagellaient dans leurs satires les turpitudes de l'Olympe et déclaraient vacant le trône de Jupiter. A Rome, les divinités de la Grèce, métamorphosées en mendiants devant les nobles sénateurs, se voyaient chaque jour bannies des temples par la populace qui préconisait sur la scène le voluptueux néant d'Epicure. Le grave Cicéron lui-même dissertait sur la divinité pour s'en moquer le soir dans un festin sacerdotal. Les dieux bannis, Rome se créa de nouvelles divinités, divinités vraiment comiques qui n'inspiraient pas même un vers à Juvénal. C'était cet Auguste qui avait vécu de longues années, sans jamais oser se nommer empereur et qui était mort en demandant s'il avait bien joué son rôle. C'était ce Tibère dont le peuple détestait la fourberie et qui s'était retiré dans le creux d'un rocher comme un hibou. C'était encore ce Caligula qui se disait le fiancé de la lune et que Chéréa et Sabinus envoyèrent d'un coup d'épée consommer son mariage au ciel, puis enfin ce bon Claude qui mourut pour avoir mangé des champignons cueillis par Hallotus, apprêtés par Agrippine et assaisonnés par Locuste. Comme on doit le penser, les traditions judaïques ou primordiales n'avaient point épuré la morale, puisque les plus grands personnages comme les plus hautes renommées, passaient sous le joug des passions les plus dégradantes. En Grèce, la populace crachait au visage d'un supplicié parce qu'il s'appelait Phocion et qu'il était le plus vertueux de l'Attique. A Rome, Horace déplorait la perte des mœurs publiques et les ruinait par ses chants, tandis qu'Ovide se plaignait du malheur des temps et donnait lui-même des leçons de débauche.

Pour peu qu'on lise les détails de cette longue agonie du monde romain, quelque temps avant la naissance du Messie, il semble que cette attente qui se trouve constatée dans les livres des savants et dans les traditions populaires, n'ait pas excité l'attention des peuples, surtout dans un temps où les hommes les plus éminents se levaient gravement pour déclarer que tout finissait à la tombe. Mais si l'on se rappelle que les Juifs au milieu desquels vivaient les grands prophètes se prosternèrent souvent aux pieds des idoles, et qu'ils méconnurent le Sauveur de l'univers, on en conclura que la morale des peuples peut se dépraver sans que les traditions s'effacent de la mémoire. Pour quiconque connaît l'antiquité, cette amère dérision des divinités, qui se glissait dans toutes les bouches, prouve que les hommes, éclairés par la raison, balayaient de leurs temples des dieux stupides et commençaient à entrevoir dans leurs malheurs cette nouvelle aurore qui devait se lever pour eux, sans pouvoir fixer le temps où ses rayons viendraient dissiper les ténèbres qui les enveloppaient.

Faut-il s'étonner qu'une tradition si universelle se soit répandue dans les Gaules, surtout lorsque de doctes personnages, tels que les Druides, avaient emprunté leurs croyances des Grecs établis à Marseille et des peuples venus du fond de l'Asie et cantonnés dans les Iles Britanniques? Je le sais, les sceptiques admettent que les Druides connurent peut-être les traditions de l'Orient, car on croit qu'une tradition confuse des incarnations du dieu indien s'était propagée de la Perse jusqu'aux dernières régions de l'Occident, mais ils prétendent que les prêtres de la Gaule n'ont pas élevé des statues à la Vierge dans les grottes mystérieuses du pays des Carnutes. Il est bien vrai que les témoignages des historiens ne remontent qu'au

XIe siècle, mais on sait que les écrits des anciens historiens de l'église de Chartres disparurent dans un incendie dont parle lui-même l'évêque Fulbert de glorieuse mémoire. Si l'on eût pu fouiller les archives que de doctes écolâtres avaient enfermées dans une des armoires de la cathédrale, on aurait, sans aucun doute, découvert de nombreux témoignages, car Fulbert déclare lui-même que la nativité de Notre-Dame est la fête spéciale de son église « parce que ce jour est celui que les oracles des gentils avaient désigné pour l'accomplissement des grands mystères [1]. »

Urbain II lui-même, cet immortel promoteur des croisades, proclame dans une bulle son amour pour l'église de Chartres, où s'opèrent des miracles sans nombre, dit un chroniqueur contemporain [2]. Guillaume le Breton dans son poème constate la gloire de Notre-Dame de Chartres et chante la brillante résurrection de cette basilique [3] « que la Vierge a choisie pour sa demeure et où

---

1. Opera Fulberti, *Sermo de Nativitate*.
2. *Gallia Christiana*, tome VIII, page 305. *Ubi jugiter multa fiunt mirabilia*. Cartulaire de S. Père de Chartres, tome I, page 46, note 1.
3. Guill. Brito. *Philippid.* livre 2. *Recueil des historiens de France*, tome XVII, page 111.

d'éclatants prodiges révèlent sa puissance » Jehan le Marchant signale dans son *Livre des miracles* la piété des fidèles qui se rendent dans des grottes souterraines

> . . . . ou la dame fet fenir
> dedens IX lors la maladie 1.

Les miracles, consignés dans le poëme du docte chanoine, sont presque tous opérés au pied de la statue druidique autour de laquelle s'empressent d'accourir, dès 1130, ceux qui sont atteints du *mal des ardents*. Cette statue, placée dans la plus belle des treize chapelles de la crypte de Fulbert, excite la piété des rois et des princes qui s'en déclarent les *hôtes* assidus et des fidèles qui y entretiennent constamment douze lampes, dont deux de l'or le plus pur. Les offrandes deviennent même si nombreuses que, d'après les registres capitulaires, la recette du tronc de *Notre-Dame sous terre* produisit en quelques jours, l'an 1338, la somme de 98 livres tournois ou 2.352 francs de notre monnaie 2, de sorte qu'un siècle après, Charles VII lui-même, en pardonnant aux Chartrains, reconnais-

1. Le *livre des Miracles de Notre-Dame de Chartres*, page 3.

2. *Manuel du pèlerin à Notre-Dame de Chartres*, par l'abbé BULTEAU, p. 29.

sait « que leur église était la plus ancienne de son royaume et que la Reine des Cieux y avait reçu des hommages de son vivant [1]. »

L'abréviateur de Dupuis soutient que les grottes de Notre-Dame de Chartres n'ont été creusées que par Fulbert, et que la statue druidique, que les pèlerins vénéraient, ne fut érigée que par ce saint prélat. Mais les historiens rapportent que Fulbert agrandit seulement les grottes de son église, et en commença l'ornementation pour y asseoir un temple digne de la Vierge dont tant de peuples venaient vénérer la précieuse relique et la statue privilégiée. Guibert, abbé de Nogent-sous-Coucy, l'un des hommes les plus savants du XIIe siècle, rapporte que l'église de son abbaye fut bâtie sur l'emplacement d'un bocage sacré, où les Druides sacrifiaient à la mère future du Dieu qui devait naître, *matri futuræ Dei nascituri*. Le célèbre Souchet, chanoine de l'église de Chartres, dont il écrivit l'histoire, visita Nogent et y lut cette inscription au-dessus d'un autel : *ara Virginis pariturœ*. De nos jours même, les habitants de Châlons-sur-Marne ont pu voir les restes

---

[1]. *Histoire de la cité des Carnutes*, par OZERAY, tome II, pièces justificatives, page 409.

d'une antique statue dont l'érection remonte jusqu'aux Druides et dans laquelle la tradition reconnaît la Vierge qui devait enfanter le Messie[1].

Devons-nous croire que cette Vierge, vénérée par les prêtres de la Gaule, fut celle que nous invoquons? Les doctes historiens qui nous ont précédés se sont permis de trancher cette question. Nous savons qu'il existe une ressemblance frappante entre les images de Marie allaitant le Sauveur et celle de Maya allaitant Bouddha, et que les figurines égyptiennes d'Isis nourrissant Horus rappellent encore ce type. Je vois sourire les lecteurs de Dupuis qui croyait anéantir le christianisme, parce qu'il en retrouvait quelques traces sous les allégories du génie antique. Le bélier d'Ammon discrédite à leurs yeux l'agneau de Béthléem, la blessure d'Adonis ôte pour eux toute sa valeur au sang du Calvaire ; la couleuvre de Zoroastre les empêche de croire au serpent de Moïse ; ils s'étonnent que Madeleine ose pleurer après les femmes de Byblos, ils ne croient plus à la vierge Marie, parce que la Gaule élevait des sta-

---

[1]. Guibert, *de vitâ sud*, lib. II, c. 1. — *Histoire de la ville et de l'église de Chartres*, par Souchet, un vol. in-folio, manuscrit de 1620, bibliothèque de Chartres. — *Annales de philosophie chrétienne*, octobre 1833.

tues à Isis! Mais avec tant d'érudition, pourquoi tomber dans une étrange méprise? L'antériorité du symbole, loin de détruire un fait, ne le confirme-t-elle pas?

Que conclure de l'opinion de Dupuis? Nous pouvons admettre avec Schedius qu'Isis fut vénérée dans la Gaule, qu'elle y eut même des statues, puisque nous avons le témoignage de Tacite[1]. Que la vierge des Druides fût Isis ou la vierge Marie, il n'est pas absurde de penser que cette vierge fut la mère du Grand Libérateur que l'univers attendait et que les premiers apôtres purifièrent ce que le culte antique profanait depuis tant de siècles sous ses formes mythologiques[2].

Quoiqu'il en soit, l'église de Chartres acquit dès les premiers temps une immense renommée. Les peuples convertis y vinrent, soit pour expier

1. Schedius, *de Diis germanicis*, cap. 13, p. 346.

2. La statue des Druides « laissée par Fulbert, dit Félibien, à l'endroit même où les prêtres gaulois faisoient leurs assemblées et où ils avoient élevé la figure qu'ils dédièrent à la Vierge qui devoit enfanter » fut honorée jusqu'en 1793 et disparut dans la tempête révolutionnaire, quoiqu'au rapport du conventionnel Sergent « elle ait appelé et animé tous les artistes les plus célèbres du XIII° siècle pour construire l'église. » *Manuel du pèlerin*, par l'abbé BULTEAU, p. 33.

leurs erreurs, soit pour contempler les merveilles de la véritable religion. Dès le troisième siècle, saint Aignan fonde une nouvelle église à la Vierge à laquelle ses sœurs lèguent leurs terres[1]. Plus tard, saint Eman de Cappadoce vient bâtir, à l'ombre du sanctuaire de Marie, un petit ermitage transformé quelque temps après en chapelle. A sa suite accourent de tous côtés de nombreux pèlerins qui proclament les miracles opérés par l'intercession de la bienheureuse Vierge et qui désigneront à Charles le Chauve l'église de Chartres comme le sanctuaire le plus auguste où doit être vénérée une des reliques les plus précieuses de Marie[2].

1. *Gallia Christiana*, S. Anian.
2. Frédégaire, *Recueil des historiens de France*, t. I, p. 434 et t. III, p. 121.

CÉLÉBRITÉ
DE
NOTRE-DAME DE CHARTRES.

« La vile esteit mult bone, de grant antiquité,
Iglise i aveit bele, de grant auctorité ;
De la sainte Virge Marie mère de Dé
I esteit la Kemise tenue en grant chierté... »

ROBERT WACE, *Roman du Rou*.

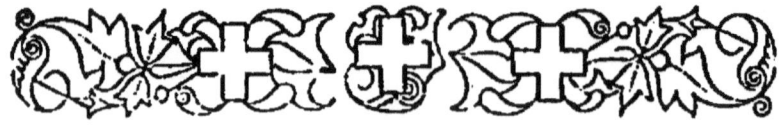

I

LES NORMANDS

OU

LE PRÉ DES RECULÉS.

« Et lors comme si la Vierge eust combatu près celle saincte bannière en troupe des légions des anges et archanges prit une telle frayeur et espouvente à Rollon et les siens qu'ils tournèrent visage en forme d'aveugles, stupides et insensez. »

S. Rouillard, Parthénie, page 191.

« Des ocis i ot tel plenté
Que la terre en fu ioinchiée,
Tant i ot de gens detrenchiée,
Que li chárlé in ont leur espées
Dou sanc au païens saoulées. »

Le Livre des Miracles, page 182.

CENT ans ne se sont pas encore écoulés depuis la mort de Charlemagne que la Gaule, naguère si florissante, ne ressemble plus qu'à un vaste désert dont le lugubre silence n'est troublé que par les cris des captifs et des mourants. Les Normands, ces hommes terribles dont les premières voiles avaient arraché quelques larmes au grand roi, s'étaient ouvert un passage à l'embouchure de nos fleuves et répandaient partout l'effroi, renversant les cités et les monastères et massacrant hommes, femmes, enfants et vieillards. Chartres, ville si peuplée, si opulente, si célèbre par ses écoles, renaissait de ses cendres et réparait ses murailles et ses tours, lorsque le bruit de l'arrivée des Normands se répandit dans son enceinte. Les pauvres habitants de la Beauce émigrèrent, d'abord dans les forêts ou se réfugièrent dans les églises. Mais lorsqu'ils virent les forêts incendiées et les églises renversées, ils s'enfuirent à la ville, chassant devant eux leurs troupeaux et n'osant regarder derrière eux. De pauvres religieux retirèrent des tombeaux le corps des saints et prirent la fuite en emmenant avec eux à Chartres les reliques de saint Wandregisile et de saint Piat.

Lorsque la ville fut encombrée, dans les rues étroites et tortueuses de la cité retentit bientôt cet effroyable cri : les Normands! Cette fois, ce n'était plus une misérable bande qui venait s'abattre dans la Beauce, mais Roll lui-même, le chef des Normands de la Seine, ce terrible pirate qui faisait traîner à ses bâteaux ceux qui lui résistaient, qui pillait les églises et les abbayes et qu'une espèce de fureur religieuse poussait contre les prêtres qui jadis avaient converti au christianisme les enfants d'Odin.

L'évêque de Chartres, le vénérable Gousseaume, qui avait imploré le secours de puissants seigneurs, résolut de ne pas abandonner son pauvre peuple. Les Normands débarquent pendant la nuit, se présentent devant les murs de la ville et font retentir des cris sauvages. Toute la cité se réveille dans la consternation. Mais Gousseaume se montre sur les tours avec de braves guerriers et lance plusieurs traits sur l'ennemi. Trop faible pour résister longtemps à l'attaque des Normands, l'évêque de Chartres quitte les murailles « tout esploré et larmoyant, » entre dans l'église de Notre-Dame et célèbre l'office divin devant une multitude d'hommes, de femmes et d'enfants qui, saisis d'une égale terreur, se mettent aussitôt à invoquer le secours de la Reine des Cieux. L'office terminé, l'évêque descend de l'autel, récite quelques prières et donne l'absolution à la multitude. Puis, se revêtant de ses habits pontificaux et précédé de la croix et d'une bannière à laquelle était suspendue une précieuse relique, il retourne sur les murailles.

Tout-à-coup brillent dans le lointain des casques et des boucliers, ce sont ceux des braves Bourguignons et des Francs qui volent au secours des Chartrains sous la conduite de deux vaillants chefs, Richard et Robert. Le combat s'engage, les Normands, pressés de toutes parts et frappés de stupeur, quittent le champ de bataille et se retranchent sur la montagne de Lèves. Sur ces entrefaites arrive le comte de Poitiers avec ses hommes d'armes; il s'irrite contre les Francs et les Bourguignons, leur adressant de vifs reproches pour avoir livré le combat sans ses troupes et se dirige vers la montagne pour achever la déroute. Mais les Normands, plus rusés que le comte de Poitiers, envoient trois de leurs guerriers sonner de la trompette dans la plaine. A ce bruit, Eble s'enfuit avec ses cavaliers et passe la nuit dans la cabane d'un foulon. Les Normands, profitant des issues restées libres, se retirent en silence, abandonnant leurs armes et laissant à leurs ennemis des retranchements sans défenseurs.

Cette victoire fut remportée le 20 juillet de l'an 911. La plaine, auprès de la porte Drouaise où les Normands furent défaits, reçut le nom de Pré de la Reculée. Un bas-relief du chœur de la cathédrale fut même destiné à rappeler cette journée dont la mémoire fut encore perpétuée par l'érection d'une petite madone dite Notre-Dame du *Vau-Rou* dans l'enfoncement d'un petit vallon par lequel Roll essaya d'opérer sa retraite[1].

Presque tous les historiens ont attribué cette éclatante victoire à la sainte chemise de la Vierge Marie[2]. Cette précieuse relique longtemps conservée à Constantinople fut donnée à l'église de Chartres par Charles-le-Chauve neuf ans après le pèlerinage qu'il fit à l'époque de son plaids général en 867 et lorsque Chartres, se relevant de ses ruines, déplorait le massacre de son évêque, de son clergé et d'un grand nombre de ses habitants.

Peu de temps après cette victoire, des milliers de pèlerins accoururent dans la cité des Thibault, plus nombreux que dans les siècles écoulés. Dès l'an 990, un orfèvre de Chartres, nommé Theudon signale sa piété par la confection d'une admirable

1. Premier médaillon de la clôture absidale du chœur de Notre-Dame à partir de la porte latérale du midi, où l'évêque Gousseaume est représenté montrant aux assiégeants la sainte chemise du haut de la Porte-Neuve.

2. *Le livre des Miracles* p. 179. — *Cartulaire de Saint-Père*, t. I, p. 46. — Chronique des Ducs de Normandie, t. I, page 288.

châsse en bois de cèdre, revêtue de lames d'or et décorée de figures et d'ornements. Rotelinde, mère du comte, la fait orner à ses frais de quatre aigles d'or. La précieuse relique déposée dans cette châsse devient réellement la tutelle de Chartres. Les rois et les reines viennent humblement passer sous cette châsse et lui laissent toujours de leur vivant quelques deniers. Les évêques lui lèguent même leur anneau pastoral et se réservent le privilège de la restaurer.

Dès le douzième siècle, l'affluence des pèlerins est si grande que la sainte relique est exposée sur un autel au pied duquel se tient jour et nuit un ecclésiastique. Aux fêtes solennelles, les logements manquent dans la ville, des milliers de fidèles passent la nuit sous les portiques ou dans l'église. Pour satisfaire à la dévotion des pèlerins, on frappe des médailles à l'empreinte de la précieuse relique[1]. Les pèlerins les emportent avec eux en souvenir de leur pèlerinage et les distribuent dans leurs pays[2]. Les guerriers ne rougissent point de

1. *Histoire de Chartres* par SOUCHET, liv. 3. Bibliothèque de Chartres.

2. Madame de SÉVIGNÉ raconte, dans une de ses lettres, qu'elle acheta elle-même quelques chemisettes pour les distribuer en Bretagne. Il y eut, dit-on, des abus qui dis-

porter sous leurs vêtements des chemisettes de Notre-Dame et leur doivent souvent leur succès ou leur salut, à tel point, est-il observé dans certain discours sur les duels, que celui qui est muni d'un tel avantage en doit avertir son adversaire, parce que la partie n'est plus égale[1]. La vénération même pour la sainte châsse devient si grande qu'au seul seigneur du fief de Tachainville, vassal de l'évêque, appartient l'honneur de la nettoyer[2].

Quelle était cette précieuse relique qui triomphait des armées ennemies et dont la puissance attirait à Chartres tant de fidèles dès le Xe siècle ? M. l'abbé Bulteau, dans son *Manuel du pèlerin*, prétend que les historiens de Notre-Dame se sont trompés, parce que, par respect, personne ne s'était permis d'ouvrir la châsse pour examiner la sainte

parurent quelque temps après la publication d'un *factum* de l'abbé THIERS.

1. *Le livre des Miracles*, p. 120. *Discours de Mgr l'évêque de Poitiers à la cérémonie du couronnement de Notre-Dame de Chartres*, p. 13. S'il en faut croire l'auteur des *Essais sur Paris*, Jean CHATEL aurait lui-même reçu de sa mère une chemise de Notre-Dame pour mieux frapper le bon roi de populaire mémoire.

2. *Grand livre rouge*, p. 87. Bibliothèque de Chartres.

relique. Il ne veut reconnaître dans cette *tunique intérieure* qu'un voile de soie dans lequel aurait été ensevelie la divine mère du Sauveur. Mais les rédacteurs de la *Voix de Notre-Dame de Chartres* soutiennent, avec les chroniqueurs, que ce voile tenait lieu de tunique ou de vêtement intérieur « jusqu'à un certain point chez les femmes de la Judée, puisqu'après avoir couvert la tête, il se croisait sur la poitrine et enveloppait aussi le corps à l'intérieur, sous le manteau dont les juives avaient coutume de se couvrir. » Pour corroborer cette assertion, ajoutons avec Mgr de Poitiers que, « si modeste que fût la condition de la sainte Vierge, la fille des rois de Juda pouvait bien posséder un de ces vêtements qui se transmettaient de génération en génération dans toutes les familles anciennes, lors même qu'elles étaient déchues de leur ancienne splendeur[1]. »

1. Ouverte pour la première fois en 1712, la sainte châsse fut brisée en 1793. Deux portions principales de la sainte tunique tombèrent dans de pieuses mains et sont actuellement déposées dans une châsse où les fidèles peuvent les voir parfaitement à travers des ouvertures quadrifoliées et garnies de verres. La donation de cette relique par l'impératrice Irène à Charlemagne se trouve constatée sur un vitrail de l'étage inférieur de la cathédrale.

II

FULBERT.

« C'est un prélat insigne et des louanges duquel ma plume ne se peut assouvir ny en prose ni en vers. »

S. Rouillard, *Parthénie*, p. 30.

« Si l'on en croyait les écrivains, la cathédrale que nous admirons aujourd'hui aurait été bâtie en huit ans par l'évêque Fulbert qui mourut en 1029. »

De Caumont, *Cours d'antiquités monumentales*, t. IV, p. 226.

Lorsque les pèlerins visitaient au Xe siècle la ville de Chartres, ils ne venaient pas encore contempler cette majestueuse cathédrale dont la splendeur frappe d'admiration. Ils venaient vénérer la sainte relique à laquelle les Chartrains avaient dû leur salut et dont les chroniqueurs de l'époque vantaient l'*insigne vertu*. Ils savaient en outre que des prodiges s'opéraient de temps en temps dans une grotte mystérieuse, devant une antique madone que les Druides avaient élevée, disait-on, plus de cent ans avant la naissance du Messie. L'église de Chartres n'offrait alors rien de remarquable dans son architecture. Ce n'était qu'une de ces pâles copies en bois des monuments romains où les arcades se trouvaient entassées sous de sombres nefs et sous des voûtes écrasées. Les pèlerins y avaient pourtant déjà versé d'abondantes aumônes, lorsque Thibault le Vieux, comte de Chartres, se crut assez puissant pour attaquer le duc des Normands et pour pénétrer jusqu'aux portes de Rouen. Les représailles furent si sanglantes qu'au dire de quelques chroniqueurs toute la Beauce fut ravagée et la ville de Chartres incendiée.

C'était la seconde fois que les flammes consumaient l'église privilégiée de Marie. La première fois elle avait été incendiée en 858 par une bande de Normands conduits par le farouche Hastings. Cette fois elle s'était relevée lentement de ses ruines sous l'épiscopat de Gislebert, alors même que Chartres réparait ses murailles. Mais sous l'épiscopat d'Eudes, elle se releva à la hâte, car l'humanité, transie d'angoisses, n'attendait plus que le moment fatal où la trompette de l'archange devait annoncer la fin du monde. L'évêque Eudes avait cherché quelques-uns de ces abbés et de ces moines qui taillaient la pierre avec une sage lenteur, mais ces abbés et ces moines avaient disparu. L'artiste s'était retiré au fond de son cloître, attendant son heure dernière dans l'abstinence.

Quelques années après éclata subitement à Chartres un horrible incendie, le feu du ciel tomba sur la cathédrale et la réduisit en cendres. Fulbert, qui occupait alors le siége de la cité, déplora les malheurs de son église et résolut de la faire reconstruire avec magnificence. L'humanité se levait de son agonie, se mettait à bâtir et à secouer les haillons de sa vieillesse pour vêtir, dit Raoul Glaber, la robe blanche des églises. Fulbert, qui se trouvait par ses talents en relation avec tous les grands personnages de France et de l'étranger, leur écrivit pour leur demander des secours. Il n'ose point se rendre à Paris, à la cour du bon roi Robert, car il craint sur la route la vipère qui se cache dans les sentiers et le serpent dont il entend les sifflements. Loin de prendre les armes contre l'audacieux Gauzfrid, vicomte de Châteaudun, il aime mieux envoyer un clerc à Paris [1]. Touché des malheurs de l'église de Chartres, le roi Robert répondit à cet illustre pontife et lui envoya de grosses sommes. Son exemple fut suivi par Guillaume, duc d'Aquitaine, par Ri-

1. *Opera Fulberti. Epistola* 86.

chard, duc de Normandie, et par Canut, roi de
Danemarck qui voulurent aussi concourir à la reconstruction de l'Eglise de *Sainte-Marie*. Le
comte Eudes, alors absent, fit don de quelques
sommes et de quelques terres [1]. Les travaux furent poussés avec tant d'activité que les cryptes furent achevées deux ou trois ans après l'incendie [2].
Au-dessus des cryptes s'éleva, comme par enchantement, une belle et magnifique église. Fulbert
n'eut point la consolation de voir son œuvre entièrement achevée, car, lorsqu'il mourut en 1029,
il laissa la plus grande partie de sa fortune pour
l'achèvement de sa cathédrale. Ce dut être un jour
de deuil bien profond lorsque la dépouille mortelle de ce saint Pontife fut confiée à la tombe,
car par l'étendue de ses connaissances Fulbert
avait attiré près de lui les rares esprits qui s'adonnaient à cette époque à la culture des lettres.
On sait qu'il enseignait dans un jardin, près de
la chapelle épiscopale, et que de son école sortirent d'illustres disciples parmi lesquels on cite
surtout Hildier, habile dans la médecine, Lambert et Engelbert dont l'escarcelle se gonfla de

1. *Nécrologe de l'église de Chartres.* Bibliothèque
de Saint-Etienne.

2. *Historiens des Gaules*, t. X, p. 468.

l'argent de la jeunesse studieuse, et le bourguignon Walter dont les travaux alimentèrent toutes les écoles de l'Europe [1].

L'église de Chartres ne fut terminée que quelques années après, sous l'épiscopat de Thierry qui en fit la dédicace en 1037 [2]. On a conservé dans un vieil obituaire le nom des artistes et des ouvriers qui furent employés par Fulbert ou par ses successeurs, au XI° siècle, à la reconstruction de Notre-Dame. Un seul, l'architecte Bérenger est qualifié d'*excellent* [3]. Soit que l'église commencée par Fulbert, puis dédiée par Thierry n'eut pas été complètement terminée, soit que les habitants de Chartres eussent voulu la décorer de tous les ornements de l'époque, nous voyons de nobles personnages concourir de tous leurs efforts à son embellissement. Adelard, doyen du chapitre, donne de grosses sommes pour la construction d'une tour, Saint Yves fait élever un magnifique jubé et placer dans les tours des cloches envoyées par Mathilde, reine d'Angleterre. Cette pieuse

1. *Histoire de Chartres*, par de LÉPINOIS, t. I, p. 52.
2. Cartulaire de Saint-Père, p. 12.
3. *Notice sur les incendies de la ville et de la cathédrale de Chartres*, par M. BENOIT, juge suppléant, p. 396, Annuaire d'Eure et Loir, 1844, 1845.

princesse fait encore rétablir les toits de la cathédrale, tandis qu'Adèle, comtesse de Chartres, laisse une somme pour édifier un petit clocher [1].

Longtemps après le départ de Bohémond de Tarente, prince d'Antioche qui, debout sur les marches de l'autel de la Vierge, avait appelé tous les chevaliers à la défense de la Terre-Sainte, de pauvres ouvriers normands viennent offrir leurs truelles et leurs marteaux « pour la décoration de Notre-Dame. » Ces pèlerins n'ont quitté leur évêque que pour accomplir le vœu qu'ils ont fait de travailler *pour l'amour de la Vierge*. Voyageant par petites bandes, formant une vaste association, ils n'admettent aucun ouvrier à moins qu'il ne se soit confessé et reconcilié avec ses ennemis. Arrivés à Chartres, ils élisent un chef et tirent sous sa conduite leurs chariots en silence et avec humilité [2].

« Ce qui frappe d'admiration, c'est de voir des hommes puissants, fiers de leur naissance et de leurs richesses, accoutumés à une vie molle et voluptueuse, s'attacher à un char, avec des traits, et voiturer les pierres, la chaux, le bois et tous les matériaux nécessaires pour la construction de

1. *Ivonis Epistolæ* 106, 107, 142.
2. Annales Benedictini, t. VI, p. 392.

l'édifice sacré. Quelquefois mille personnes, hommes et femmes, sont attelés au même char, tant la charge est considérable et cependant il règne un si grand silence qu'on n'entend pas le moindre murmure. Souvent même on croirait que, selon la prophétie, l'esprit de vie anime les roues des chariots. Si l'on s'arrête dans les chemins, si l'on parle, ce n'est que pour confesser ses péchés et tel est le zèle des ouvriers que la nuit ne peut interrompre le travail. Les travaux continuent à la lueur des flambeaux[1].

Parmi les principaux donateurs on cite le chambrier Robert et le chevecier Bernard qui font élever un pilier et couvrir l'église de Chartres à leurs frais. L'évêque Gozlin, sous lequel l'éloquente voix de saint Bernard s'était fait entendre sous les voûtes de Notre-Dame, lègue cent livres pour l'un des clochers que l'habile architecte Harmand élève jusqu'à la flèche en 1164. Les chanoines Ragembold et André avaient laissé avant ces donateurs, une grande partie de leur fortune[2] pour l'érection du porche qui devait être construit devant la façade de l'église.

1. Annales Benedictini, t. VI, p. 393.
2. *Notes sur la cathédrale de Chartres,* par M. Benoit, juge suppléant. *Annuaire de l'Eure-et-Loir,* 1844.

Visitée par une foule de pèlerins et décorée par un grand nombre d'ouvriers, la cathédrale de Chartres excita dès le milieu du XII° siècle l'admiration des fidèles. Un chroniqueur, qui assistait à cette brillante restauration, s'écriait dans son enthousiasme : « Celui qui n'a point vu cela, ne verra jamais rien de semblable. On dirait que les pierres sont devenues intelligentes et que la matière s'est spiritualisée[1] ! »

Mais de cette merveilleuse cathédrale il ne devait en rester que les clochers et les deux étages de la façade qui les séparent. Pour qu'un léger souffle gonfle les voûtes, pour que les arcs-boutants montent aux combles de la nef avec leurs balustrades légères, leurs roues rayonnantes et leurs ponts dentelés, pour que les roses s'ouvrent, s'épanouissent, étalent leurs riches compartiments ciselés et triomphent de la gloire céleste, il faut que les croisés soient revenus de l'Orient, ce berceau des beaux-arts. La route qu'ils ont suivie jusqu'au milieu du XII° siècle est toute blanche de leurs ossements, il faut attendre qu'ils se cantonnent à Constantinople et que l'ordre et l'harmonie règnent en Occident.

1. *Chronica Normanniæ*, page 982.

CONSTRUCTION
DE
NOTRE-DAME DE CHARTRES.

« Il me suffit d'avoir établi que la dévotion à Marie, dans la cité de Chartres, roule, pour ainsi dire, sur ce double pivot, la sainte grotte et la sainte châsse. Voyons quel édifice est venu s'appuyer sur cette base. »

Mgr PIE, *Discours sur le couronnement de Notre-Dame de Chartres*, p. 13.

I

INCENDIE DE 1194.

« A Chartres prist en la cité
Un feu qui ne fu pas a geus,
Car trop fu grant et domageus...
Moult fu grant douleur dou veoir
Telle iglise ardoir et cheoir.

Le Livre des Miracles, p. 19.

« Le légat du Sainct Siége, appellé Melior, qui lors estoit à Chartres, faisoit force sermons, envoioit plusieurs lettres aux princes estrangers et bailloit partout des indulgences, afin que le ciel et la terre conjoignissent leur pouvoir à l'effect de la restauration de l'église. »

S. ROUILLARD, *Parthé..ie*, p. 216.

Reconstruite par le célèbre Fulbert au commencement du XIe siècle et fréquentée par une foule de pèlerins accourus de toutes parts pour vénérer sa madone privilégiée, la cathédrale de Chartres, décorée de belles croisées ogivales et de magnifiques verrières au milieu du XIIe siècle, par des corporations normandes, élevait au ciel ses tours mystiques, lorsqu'un violent incendie vint la consumer l'an 1194, sous le règne de Philippe Auguste. La ville elle-même, où tout retentissait du nom de Marie, fut dévorée par les flammes. Clercs et laïques, dit un poëte presque contemporain, tous perdirent leurs richesses et leurs maisons et déplorèrent surtout la perte de leur église, oubliant leur propre malheur. Mais lorsqu'il ne virent plus la sainte châsse qui renfermait la précieuse relique qu'ils appelaient

la gemme
et la gloire de leur cité [1],

des larmes amères coulèrent de leurs yeux et des cris lamentables se firent entendre. « Hélas ! s'écriaient-ils, ce fléau ne nous a frappés que parce que nos iniquités se sont élevées vers le ciel, car c'était la gloire de Chartres et de toute la contrée, celle qui a triomphé des Normands et qui chaque jour nous guérissait de nos maux. Privés de cette relique si précieuse, comment aurons-nous le courage de reconstruire notre église et de relever nos maisons? Qui voudra maintenant accourir dans notre cité pour visiter ses sanctuaires dépouillés de leur gloire [2]? »

Le cardinal-légat du pape, Mélior, qui se trouvait alors à Chartres, assemble l'évêque et les clercs et leur adresse ces paroles :

« Messeigneurs, c'est sans doute pour l'expia-

1. *Le Livre des Miracles* p. 27.
2. *Le Livre des Miracles* p. 23.

tion de vos péchés que ce fléau s'est appesanti sur votre cité. Il est temps de faire pénitence et d'attirer sur nous par des jeûnes et par des prières la protection de Dieu et de sa sainte Mère, afin que, par leur protection, cette église se relève de ses ruines. Il ne me convient point de vous adresser un long discours en une telle circonstance. Que chacun de vous se mette à l'œuvre et donne l'exemple aux laïques. Délions nos bourses et vidons « nos sacs et nos poches.

> por loer ovriers et maçons
> qui sache bien et tout ovrer. »

Ces paroles font une telle impression que l'évêque et les chanoines, sans délai, versent de beaux deniers et s'engagent à faire le total abandon de leurs rentes pendant trois ans, ne se réservant que le strict nécessaire.

Quelques jours après, des cris de joie retentissent cependant dans la ville; la sainte châsse dont les pieux habitants déploraient la perte venait d'être sauvée par le dévouement de quelques clercs qui s'étaient réfugiés dans la crypte et qui ne devaient leur salut qu'à la protection du ciel. Le légat convoque tout le peuple de la cité sur les ruines de la cathédrale. L'évêque et le doyen du chapitre paraissent bientôt portant sur leurs

épaules la sainte châsse que Chartres vénère et sous laquelle ont passé tant de pèlerins. Les cris redoublent, l'enthousiasme et l'allégresse s'emparent tellement de l'assemblée que
> tout à terre s'agenouillèrent
> de joie et de pitié plorèrent,

remerciant la Reine des Cieux d'avoir délivré du feu
> sa sainte châsse ennorée.

Le cardinal-légat parle avec tant d'éloquence que ce pauvre peuple, dont les maisons ont été dévorées par les flammes, promet de rebâtir l'église de Marie. Clercs, bourgeois et pauvres gens abandonnent presque tout ce qu'ils possèdent et se mettent promptement à l'œuvre. On choisit pour présider un habile architecte, on appelle de nombreux maçons et des charpentiers et chacun veut traîner des chariots pour transporter les matériaux.

Mais l'argent est bientôt épuisé; les ouvriers et l'architecte réclament de beaux deniers.
> La haute dame glorieuse,
> qui voloit avoir

à Chartres une merveilleuse église, prie son divin Fils qui fait éclater sa puissance dans ce sanctuaire vénéré, de sorte que des peuplades vont accourir pour contribuer de tous leurs moyens à la reconstruction de la cathédrale. « Réjouissez-vous, pieux habitants de Chartres, s'écrie le poète Guillaume le Breton dans sa *Philippide,* cette église, que les flammes ont dévorée, n'était pas encore digne, avec tous ses ornements d'être appelée la *mestre maison de Marie.* Le feu ne l'a consumée que pour que, sur ses ruines, s'élevât le plus auguste temple de l'univers[1]. »

L'évêque de Chartres fait un appel à son peuple et demande de tous côtés des matériaux, des ouvriers et des aumônes. Des prêtres sortent de la ville pour parcourir les bourgades et pour pénétrer même dans les contrées les plus éloignées, portant de saintes reliques et racontant les malheurs de leur église. L'appel du vénérable évêque est entendu ; nous allons voir accourir de toutes parts de nombreux ouvriers auxquels les bons habitants des campagnes prodigueront des vivres et des matériaux.

Beaucoup d'historiens ont longtemps nié l'incendie de 1194 ; mais ses désastres ont été constatés par presque tous les chroniqueurs de cette époque. On sait aujourd'hui que le *livre des Miracles*

---

1. Ut causam fabricæ daret illa ruina futuræ ·
Cui toto par nulla hodie splendescit in orbe.
       Livre IV.

a subi vers 1389 quelques surcharges maladroites dans le but insensé d'attribuer l'honneur de la construction de la cathédrale à l'illustre Fulbert. Des savants s'étonnaient, dit-on, de voir tant d'incendies dans une même ville, mais il faut se rappeler qu'au moyen-âge existaient des usages qui rendaient ces catastrophes plus fréquentes. « Les murailles des églises étaient en grande partie recouvertes de tapisseries et de tentures de toute espèce et de nombreux *ex-voto* étaient suspendus aux voûtes. De plus, le nombre des cierges toujours allumés, même pendant la nuit, était considérable, ainsi que l'attestent ces innombrables testaments dans lesquels il est pourvu par le mourant à l'entretien d'un cierge brûlant à perpétuité, dans telle ou telle chapelle. Est-il donc étonnant, que les clercs qui faisaient la garde s'endormissent quelquefois et que souvent au lever du jour, la flamme se fût emparée de tout l'intérieur d'une église[1]? »

---

1. Vitet. *Monographie de Notre-Dame de Noyon*, p. 94.

II

RECONSTRUCTION.

« L'Eglise pouvait seule accomplir ces miracles de l'architecture. Souvent pour terminer un monument, elle y appelait tout un peuple. »

Michelet, *Histoire de France*, t. II, p 680.

« Vindrent gens de totes pars
Qui en charrestes et en chars
Grans dons a l'iglise aportoient
Qui a l'euvre mestier avoient. »

Le Livre des Miracles, p. 40.

Les routes qui conduisent à Chartres s'encombrent de pèlerins et d'ouvriers qui viennent à la voix des prêtres contribuer de tout leur pouvoir à la construction de la cathédrale. Ce que vous rencontrez partout, ce sont des chariots sur lesquels les pauvres habitants des bourgs transportent des pierres et du froment. Dans les villages, au pied même de l'odieuse tour féodale, tous se sont ébranlés; la voix solennelle de l'Eglise s'est fait entendre, promettant des indulgences à ceux qui répondront généreusement à son appel et menaçant de ses anathèmes ceux qui oseront piller les convois. Les habitants de Château-Landon[1], hommes et femmes, dit un poète contemporain, auquel nous devons le récit de la reconstruction de Notre-Dame, émus par le discours de leur pasteur, s'engagent à fournir un chariot de froment et se mettent en route. Arrivés à Chante-Reine, près de la ville de Chartres, nos bons pèlerins remarquent un peu tard qu'il ne leur reste aucune provision. Les habitants du village se trouvaient alors dans une grande détresse et ne pouvaient vendre que quelques pains. Mais la Vierge ne voulut point délaisser ceux qui venaient si généreusement lui apporter du froment. Les pains se multiplièrent si grandement que le peuple n'en manqua point et que les vendeurs furent émerveillés de recevoir bon nombre de deniers et de retrouver dans leurs corbeilles autant de pains...

. . . comme avoient devant.

Le lendemain, dès l'aurore, les habitants de Château-Landon se mirent en route et vinrent offrir leur blé et d'autres dons à l'église de Chartres, racontant le miracle à tout le peuple de la cité [2].

1. Département du Loiret.
2. *Le Livre des Miracles*, p. 67. Jehan le Marchant,

Bien loin traînaient eux-mêmes leur chariot de froment les bons habitants de Pithiviers en Gatinais, qui avaient voulu fournir quelque chose à l'exemple de ceux de Château-Landon. Arrivés près du Puiset « las et fatigués, » ils virent venir à leur rencontre des hommes et des femmes de la ville qui les prièrent de se reposer quelque temps, tandis qu'eux, *frais et entiers*, traîneraient leur chariot. Mais nos pèlerins répondirent qu'ils le trai-

qui ne termina son poème qu'en 1262, a traduit du latin quelques-uns de ses récits. Beaucoup d'historiens les ont regardés comme de pieuses légendes ou n'ont point osé les raconter. Mais lorsqu'on se permet de publier la légende d'un certain roi gaulois, nommé Priscus, qui aurait, dit-on, consacré le royaume des Carnutes à la sainte Vierge, plus de cent ans avant la naissance du Messie, pourquoi rejeter des faits dont le narrateur a dû être le témoin ou l'historien fidèle? Il est bien vrai que les poètes du moyen-âge trompaient quelquefois leurs lecteurs en déclarant avoir découvert leurs récits dans de prétendus poèmes latins. Mais Jehan le Marchant ne mentionne dans son livre que des miracles se rattachant à l'histoire de Notre-Dame de Chartres et ne paraît avoir écrit qu'animé d'un sentiment de piété profonde envers « cette bonne Vierge » dont les miracles attiraient tant de pèlerins dans sa *mestre iglise*. Quoiqu'il en soit, ses récits servent à constater l'immense renommée de Notre-Dame au moyen-âge et les pieuses libéralités des populations envers cette basilique privilégiée.

neraient eux-mêmes pour ne point perdre le fruit de leur pèlerinage. Les habitants du Puiset, touchés de ce noble refus, prient les pèlerins d'accepter une pièce de bon vin. Ceux-ci, que la fatigue accable, acceptent le vin, et s'attellent à leur chariot, pour s'acheminer vers la ville de Chartres. Mais ils n'ont pas fait quelques pas, que les gens du Puiset les rappellent et leur racontent qu'ils ont trouvé la pièce pleine d'un vin merveilleux. Tous admirent ce prodige, quelques-uns même recouvrent la santé en buvant de ce vin. Joyeux et touchés de ce prodige, les pèlerins tirent avec tant d'ardeur leur chariot qu'ils arrivent bientôt à Chartres.

Les habitants de Bonneval, près de Chateaudun, exhortés par les fréquentes allocutions de leur pasteur, chargent quelques charrettes de chaux et quittent le bourg pour se rendre à Chartres. Quelques heures après leur départ, le ciel se couvre tout-à-coup de nuages épais. Le vent souffle avec violence, le tonnerre gronde et la pluie tombe en pesantes gouttes. Les pèlerins effrayés abandonnent leurs charrettes et laissent assise sur la chaux une pauvre paralytique qui se rendait à Chartres pour y implorer la protection de

Marie. L'orage dissipé, les habitants de Bonneval sortent de leur retraite et s'avancent sur la route pour conduire leurs charrettes. Mais quelle n'est point leur surprise lorsqu'ils les voient se mouvoir d'elles-mêmes et qu'ils retrouvent la pauvre paralytique pleine de vie, toujours assise sur la chaux que l'eau n'a point consumée. Touchés de ces prodiges, les pèlerins remercient la Reine des Cieux et se hâtent d'arriver à son église privilégiée.

Les habitants de Corbeville sur l'Eure « esmeus de pareille dévotion que les autres, qui de près et de loing, alloient faire leurs offrandes à la dicte église pour servir à sa reconstruction, » chargèrent leurs charrettes de pièces de bois et d'autres matériaux[1]. Vers le soir, lorsque nos pèlerins cherchent un logement, l'un d'eux voulant retirer une partie de ses vêtements placés sur une charrette soulève une hache qui lui coupe trois doigts dans sa chûte. Le pauvre pèlerin pousse des cris lamentables, appelle ses compagnons qui lui conseillent de trancher totalement les doigts qui ne tiennent plus qu'à une petite peau. Mais le bon prêtre qui suivait ses paroissiens lui défend de

1. Séb. ROUILLARD, *Parthénie*, p. 233.

les trancher et veut qu'on le conduise dans une hôtellerie pour le faire panser. Le pauvre blessé refuse tout secours et déclare qu'il aime mieux rester sur la charrette pour y attendre le secours de la bonne Vierge. Le lendemain dès l'aurore, ses compagnons l'aperçoivent debout devant la charrette, proclamant sa miraculeuse guérison et chantant les louanges de la Vierge Marie. Les pèlerins joyeux et émus, se remettent en chemin avec tant d'empressement qu'ils arrivent bientôt à Chartres pour rendre grâces à

la dame
qui est salu de cors et d'ame [1]

Les habitants de Batilli en Gatinais [2], exhortés par leur pasteur, chargent quelques charrettes de froment pour les offrir aux ouvriers de l'église de Chartres. La veille de l'Assomption, une jeune fille tombe dans un puits du bourg. Sa mère, surprise de son absence, interroge ses voisins et redoutant quelque malheur, se dirige vers le puits. Ses cris sont bientôt entendus et sa fille revient saine et sauve protégée par la

dame de Chartres glorieuse [3].

1. *Le Livre des Miracles*, p. 96.
2. Commune de l'arrondissement de Pithiviers (Loiret).
3. *Le Livre des Miracles*, p. 93.

Touchés de ce prodige, les habitants de Batilli emmènent la jeune fille avec eux et viennent offrir leurs dons à Chartres, racontant à tous les fidèles cette merveilleuse protection de la Reine des Cieux.

Tous ces miracles, vus par les pèlerins et racontés par les habitants de la cité, sont bientôt connus des contrées voisines et des provinces les plus éloignées. La renommée de l'église de Chartres s'étendit dans les royaumes, au-delà même des mers. Dans la Beauce, chaque bourg voulut fournir quelque chose. Ceux qui ne possédaient aucune carrière de pierre, aucune pièce de bois, s'empressèrent de charger des voitures de froment; ceux dont les moissons n'étaient pas abondantes amenèrent de la chaux ou offrirent quelques deniers. Il y avait plaisir à voir cette ardeur avec laquelle chacun voulait contribuer à la reconstruction de la basilique. Sur les routes, on ne rencontrait que charrettes traînées par d'humbles serviteurs de Marie; à l'entrée des villages, sur le passage des pèlerins stationnaient des malades, des aveugles, des muets et des paralytiques qui ne demandaient pour toute faveur que d'aller a la sainte chasse touchier.

S'il y avait des gens qui n'avaient eu d'abord nulle envie de partir, en entendant le récit des prodiges opérés par l'intercession de la bonne dame de Chartres, ils chargeaient bien vite leurs charrettes et suivaient les convois. Riches et pauvres, tous accouraient avec leurs présents, de sorte qu'il semblait, dit un chroniqueur, « que l'argent vînt aux ouvriers plutôt par main divine que de bourse humaine. »

Des Bretons, qui s'étaient établis à Chartres, se rassemblent et promettent de transporter quelques chariots de pierre. Ils sortent donc un soir de la ville et se mettent en route pour accomplir leur tâche. Le soleil disparaît bientôt de l'horizon, de gros nuages succèdent à ses rayons, de sorte qu'une nuit obscure surprend nos pauvres pèlerins qui, perdant tout sentier, s'égarent dans les vastes plaines de la Beauce. La frayeur s'emparait déjà des Bretons, lorsque Dieu fit luire devant eux « trois brandons de feu, pour les éclairer. » Joyeux et émerveillés, ces serviteurs de Marie regagnent la route de Chartres, dont ils aperçoivent *l'église et la tor*, et viennent déposer leurs offrandes en publiant le prodige dont ils ont été les témoins.

Il paraît, dit le même chroniqueur, que le premier miracle qui réveilla le zèle des populations fut la guérison d'un jeune enfant du Perche. Ce pauvre enfant avait surpris quelques intrigues dans un château de la contrée et avait été mutilé par le seigneur qui redoutait cet innocent témoin. Orphelin et dénué de tout, il s'enfuit et vint à Chartres mendier son pain. Le mercredi de Pâques, il s'agenouille devant l'autel de Notre-Dame, verse d'abondantes larmes et recouvre la parole, quoique privé de langue. Tout le peuple accourt, veut le voir et l'entendre. Mais la Vierge qui voloit la chose parfeire, le jour de la Pentecôte, obtint que cet enfant recouvrât la langue.

Témoins de cet éclatant prodige, des gens accoururent de toutes parts, apportant des vivres, des matériaux, offrant leurs joyaux et beaucoup d'objets précieux. Il en vint tant

> et par voies et par chemins
> que cestoit une grand merveille,
> chacune nuit fesoient veille
> et en avoit tant en liglise
> ... que li clerc qui à matines
> de nuit à liglise venoient
> entrer ou cloitre ne poaient [1].

1. *Le Livre des Miracles*, p. 40.

Une pauvre paralytique de Prunai[1] avait perdu tout espoir de guérison lorsqu'elle supplia son mari de la conduire à Chartres. Un samedi des gens la portent
droit devant l'autel Notre-Dame.

Cette femme implore avec tant de ferveur la Vierge céleste qu'elle obtient sa guérison. Ce miracle et beaucoup d'autres, ajoute le chroniqueur, attirèrent tant de pèlerins que s'élevèrent comme par enchantement les piliers, les autels et les voûtes de la cathédrale.

S'il faut en croire les chroniques, un samedi soir, lorsque les complies furent terminées, l'église fut soudainement illuminée d'une éblouissante lumière. Tous les assistants en furent émerveillés et crurent que la Vierge était venue visiter ce jour-là son église et la sanctifier[2].

Le chapitre pour subvenir aux frais de cette *mestre meson* de la Reine des Cieux, avait envoyé des prêtres dans beaucoup de contrées pour recueillir les offrandes des fidèles[3]. Un jeune An-

1. Prunay le Gillon, commune de l'arrondissement de Chartres.
2. *Le Livre des Miracles*, p. 106.
3. Les quêteurs de Notre-Dame de Chartres obtinrent dans quelques cathédrales la permission de *résidence*

glais, sortant des écoles de Paris, suivait la route de Soissons pour se rendre dans sa ville natale. Arrivé dans la première cité qu'il rencontre, il entre par hasard dans l'église. Un prêtre de Chartres monté dans la chaire racontait en pleurant les malheurs de son église, et touchait tellement le peuple par son éloquence que chacun dénouait sa bourse. Le jeune Anglais ne possédait qu'un collier d'or qu'il destinait à sa fiancée. Emu des paroles du bon prêtre, il offre son collier d'or et se met en route vers la mer pour s'embarquer sur un des navires qui stationnaient sur les côtes. Quelques jours après, il s'arrête sur le soir devant une modeste hôtellerie et demande un logement. L'hôte ne lui offre pour gite qu'une grange. Le jeune Anglais, accablé de fatigue, se couche sur la paille et s'endort. Mais quelle n'est point sa surprise lorsqu'au milieu de la nuit la grange se trouve tout-à-coup illuminée et qu'il voit trois

---

moyennant une somme prélevée sur la recette. Il paraît que dans le diocèse de Troyes Notre-Dame de Chartres jouissait d'une grande renommée dès le XIVe siècle, car le chapitre de cette cathédrale recevait chaque année du quêteur une assez belle somme, comme il est facile de s'en convaincre en lisant les *comptes de l'œuvre de Saint Pierre* conservés aux archives de l'Aube.

e.

femmes d'une éblouissante beauté dont l'une lui montre son collier d'or. A cette vue, le jeune clerc reconnaît la *Dame de Chartres*, et lui promet de se consacrer à son service. Deux mois après il quitte Londres et se retire dans une île déserte.

Le roi Richard qui apprit ce miracle conçut dès lors une grande vénération pour l'église de Chartres. Il reçut avec bonté les envoyés du chapitre et leur permit de parcourir son royaume pour y recueillir d'abondantes aumônes [1].

Plus de cinquante ans s'étaient écoulés lorsque l'évêque de Chartres écrivit au roi de France pour le prier d'obtenir du Souverain Pontife quelques indulgences. Saint Louis qui venait quelquefois visiter nu-pieds l'église de Chartres, ne voulut point rejeter la demande du prélat. Il écrivit lui-même au pape pour la consécration de Notre-Dame, fit élever à ses frais le splendide porche septentrional, donna quelques verrières et fonda deux autels « pour le repos de ses ancêtres et

[1]. *Le Livre des Miracles*, p. 141. Un vitrail, appelé *vitrail des Miracles* par M. l'abbé Bulteau, racontait les principaux miracles que la Vierge daigna faire en faveur des pèlerins de Chartres. La plupart des médaillons ont été remplacés par du verre blanc (bas côté méridional).

pour le salut de son âme. » Alexandre IV répondit quelque temps après au roi de France et envoya au clergé de Chartres une bulle conçue en ces termes : « Notre désir a toujours été de rendre le peuple agréable à Dieu. Nous invitons les fidèles du Christ à lui plaire de plus en plus par les indulgences afin que la grâce divine abonde surtout en eux. Notre bien-aimé fils, l'illustre roi de France, nous a appris que vous deviez consacrer votre église et qu'une prodigieuse multitude de pèlerins y accourait depuis longtemps pour y vénérer l'auguste Vierge Marie et les précieuses reliques des saints qui y sont exposées. C'est pourquoi, désirant que votre église soit toujours dignement honorée, nous accordons à tous ceux qui seront vraiment contrits et qui visiteront l'église le premier dimanche après la fête de Saint-Luc, jour de sa dédicace, jusqu'à la fête de la Nativité de Notre Seigneur, trois ans et trois quarantaines d'indulgence, et un an et quarante jours seulement à ceux qui visiteront l'église chaque année, le jour de l'anniversaire de la dédicace jusqu'au jour de Noël. »

La bulle fut écrite d'Anagni, sous la date du 10 des calendes d'avril, la sixième année du pontificat d'Alexandre IV[1]. En conséquence, le 17 octobre 1260, Pierre de Mincy, assisté de son chapitre et de plusieurs évêques, dédia l'église de Chartres à la Sainte Vierge, en présence de saint Louis, de sa royale famille et d'un grand nombre de seigneurs et de pèlerins. Ainsi fut construite cette majestueuse basilique dont le plan merveilleux fut si longtemps faussement attribué au bienheureux Fulbert.

[1]. *Gallia Christiana*, t. VIII, p. 370.

III

LES ARTISTES AU XIIIe SIÈCLE.

« Les ouvriers, c'étaient les fidèles de toutes les classes, les artistes qui décoraient, de pauvres moines qui passaient obscurément leur vie à sculpter un bas-relief ou une colonne ; les architectes, des hommes prodigieux de génie, mais plus prodigieux d'humilité et d'abnégation. »

Ansart, *Histoire du Moyen-Age,* p. 318.

Lorsque pour la première fois un voyageur contemple les portails de la cathédrale de Chartres, il est bien rare qu'un sentiment d'admiration ne s'empare point de lui. Mais s'il examine les parties les plus obscures, à chaque pas se déroulent devant lui de ravissantes beautés. Alors son admiration devient enthousiasme. C'est, il faut l'avouer, un magnifique coup d'œil que ces vestibules chargés de statues, de dais, de pinacles, de dentelles et de feuillages où l'art semble avoir épuisé toute sa verve féconde. Mais pour quiconque est artiste, le tableau se transforme. Les statues ne sont plus là pour orner seulement l'édifice, chaque pierre devient la page d'un grand drame. Ce drame, c'est l'histoire de l'humanité depuis la création du monde jusqu'au jugement dernier.

Si de l'extérieur vous passez à l'intérieur, le drame vous apparait sur les vitraux dont les cinq mille figures ne sont pour ainsi dire que le commentaire ou la répétition de la statuaire. Qui conçut cet admirable plan, ce merveilleux ensemble? Quels étaient les artistes de Notre-Dame? Faute de documents, nous ne pouvons résoudre cette question. Mais si l'on contemple l'œuvre, la sublime épopée des maîtres chrétiens, si l'on se rappelle qu'au XIIIe siècle, les seigneurs guerroyaient, s'enrôlaient pour les croisades, que le pauvre peuple ne fréquentait presque point les écoles des cathédrales et des monastères, peut-être ne refusera-t-on pas aux religieux une part active dans la construction des églises que nous admirons. On sait que les monastères étaient les seuls refuges de ceux qui aspiraient à la science, que dans ces paisibles retraites accouraient les peintres, les sculpteurs et les artistes pour y puiser tous les secrets de l'art, comme le prouve l'*Essai* du moine Théophile.

Derrière le chœur, sur un vitrail, nos vieux peintres ont fort bien représenté les maçons de

Notre-Dame. C'est un tailleur de pierre, quoiqu'imberbe, puis un statuaire avec son bonnet pelucheux et pointu. Voyez avec quel soin ils travaillent la pierre, avec quelle attention ils la déchirent, la battent et la sculptent. Qu'elle soit dure, énorme et grossière, peu importe, il faut qu'elle endure le marteau et le ciseau, qu'elle crie, siffle et gémisse pour se spiritualiser. Au-dessus d'eux s'élève une petite chapelle, celle même où se trouve la verrière. Le poseur coiffé d'un chapeau rond, assied silencieusement une corniche, tandis que son aide gravit une petite échelle, chargé d'une pierre sculptée.

Plus loin, quatre maçons, rasés et vêtus comme les hommes du peuple, sont occupés à tailler des statues de rois. Ces statues figurent sans doute celles qui se dressent au portail méridional et qui représentent les ancêtres de Jésus-Christ. La statue n'est encore qu'à l'état d'ébauche, l'artiste commence à modeler avec le ciseau, tandis que boit son compagnon, celui qui vient de s'échauffer en enlevant avec son marteau de grands copeaux de liais. La statue royale paraît : les yeux et la bouche s'animent, la couronne se décore de perles et de fleurons, le sceptre est effeuillagé, la robe et le manteau se drapent, les mains sont modelées. L'ébaucheur a fait sa besogne et se repose, le marteau sur la statue et la tête dans sa main, tandis que son camarade creuse, polit et met la dernière main[1].

Comment se sont-ils appelés ? Nul ne le sait. Les nécrologes et les chroniques ne citent que les noms de quelques donateurs, tels que les chanoines Frédéric, Aimery et Manassé, les archidiacres Guillaume de Chaumont, Pierre de Burdegeot et le chancelier Constant. De tous les habiles artistes de Notre-Dame, un seul, Robbir ou Rombir nous a laissé son nom au porche septentrional, au-dessous du combat de David et de Goliath qui paraît avoir été refait dans les premières années du XIVe siècle[2].

L'art, quoiqu'on en dise, n'avait pas encore tenté de s'individualiser. Des populations entières, poussées par la toute puissance de la foi pouvaient seules commencer et mener « à bonne fin » de prodigieux travaux. Quand les flammes avaient consumé une église, l'évêque appelait le peuple, lui accordait des indulgences et le peuple accourait. C'était même une sorte de pèlerinage qu'on entre-

1. *Annales archéologiques*, 1845.
2. *Description de la cathédrale de Chartres*, par l'abbé BULTEAU, p. 95.

prenait pour la rémission de ses péchés et pour obtenir des grâces spirituelles. Alors de l'intérieur des cloîtres sortaient des architectes et des artistes et les travaux commençaient. Les habitants des campagnes amenaient les matériaux, les jeunes gens taillaient la pierre et les maçons élevaient les gigantesques colonnes sous l'œil du « maître de l'œuvre. » Non loin de l'église, quelquefois dans un monastère, des peintres-verriers coloriaient les vitraux et les sculpteurs ciselaient les bas-reliefs et les statues. Les riches donnaient de bon cœur du bois, des pierres, souvent même des sommes immenses, de sorte que l'église s'élevait rapidement sur les ruines de celle que les flammes avaient consumée.

Ce qui excita surtout à Chartres le zèle des ouvriers, ce fut leur tendre dévotion. D'abord ils s'enrôlaient dans une pieuse compagnie, prenaient le bourdon et s'acheminaient vers Notre-Dame pour y vénérer sa miraculeuse madone. Arrivés à l'église, ils s'agenouillaient devant la *bonne dame*, passaient sous sa sainte châsse et ne voulaient point s'en retourner sans avoir fait quelque chose.

Alors déposant le bourdon pour prendre la truelle ou le marteau, ils travaillaient à la construction de la basilique. Les premiers venus, habiles ou non, devenaient statuaires. Lorsque la statue sortait d'un bon ciseau, c'était un chef-d'œuvre; lorsqu'elle sortait d'un mauvais, c'était une mauvaise production. Le maître les recevait, les faisait également placer sur les portails, parce que l'œuvre devait être poussée avec activité et qu'il ne fallait pas moins de deux à trois mille statues [1]. Les pèlerins séjournaient longtemps dans une ville, quelquefois même plus d'une année et telle était leur ardeur que souvent ils travaillaient à la lueur des flambeaux.

Le bon Ellendard, receveur de la fabrique de l'église de Strasbourg, nous a conservé dans un poème le touchant récit des miracles opérés comme à Chartres par la glorieuse vierge Marie, lorsque l'évêque entreprit la reconstruction de sa cathédrale. Les ouvriers devinrent si nombreux qu'ils couvrirent les rives du Rhin de leurs loges et se répandirent dans toute l'Allemagne. Au Puy, sur le mont Anis, « où Charlemagne venait im-

[1]. *Annales archéologiques*, 1845, p. 244. La cathédrale de Reims compte plus de statues médiocres que celle de Chartres, probablement parce que le nombre des imagiers fut moins grand dans la ville du sacre qu'à Chartres, ville fréquentée par des milliers de fidèles.

plorer l'intercession de la miséricordieuse Mère de Dieu, » les pèlerins se disputèrent l'honneur d'orner le sanctuaire de Marie et d'embellir ses autels. Le pauvre et l'aveugle déposèrent leurs oboles, les riches leur superflu et les hommes des champs les prémices de leurs moissons[1].

C'était donc la foi qui construisait les églises au moyen-âge, non point cette foi morte qui laisse le temple de Dieu plus pauvre que l'hôtel d'un bourgeois, mais cette foi simple et forte qui inspirait des vierges telle que Sabine de Steinbach et celle qui posa la dernière pierre au dôme de Cologne[2]. Dès qu'il s'agissait de la maison de Dieu, le plus pauvre ne regardait pas à la dépense. C'était même comme un délire universel de détruire les anciens édifices et d'en élever de plus magnifiques. Un abbé du Mont-Cassin, depuis pape sous le nom de Victor III, envoyait chercher des ouvriers à Constantinople et formait lui-même des élèves. Un évêque d'Elne dessinait à Jérusalem le plan d'une église dont il devait à son retour entreprendre la construction. Celui d'Au-

1. *Essais historiques sur l'église de Strasbourg*, par GRANDIDIER, p. 12.
2. *Pèlerinage à Notre-Dame du Puy*. Archives de la Haute-Loire.

xerre instituait des prébendes dans sa cathédrale pour des ecclésiastiques dont l'un devait être peintre, l'autre verrier et le troisième orfèvre[1]. Lorsque l'abbé de Lobbes veut reconstruire l'église de son monastère, les religieux assemblés lui exposent leur crainte sur une si vaste entreprise. — « Rassurez-vous, reprend l'abbé, la Providence y pourvoira » et l'église s'élève comme par enchantement. Saint Guillaume, évêque de Saint-Brieuc, veut rebâtir sa cathédrale qui menace ruine. Des chanoines lui représentent qu'il est trop âgé pour exécuter de si gigantesques travaux. — « Eh bien ! répond le saint pontife, je l'achèverai lorsque je serai mort. » Et la cathédrale s'élevait quelques années après avec les dons des pèlerins attirés au tombeau du saint évêque[2].

Théophile du fond de son cloître chantait cette brillante résurrection des basiliques et disait à ses nombreux élèves : « Enflammez vos cœurs d'une ardeur plus grande encore. Ce qui manque dans la maison du Seigneur, venez le compléter

1. *Mémoires sur Auxerre*, par l'abbé LEBOEUF.
2. *Histoire de la cathédrale de Saint-Brieuc*, par l'abbé SOUCHET.

dans tout l'effort de votre pensée... Qu'une âme fidèle voie la Passion de Notre-Seigneur représentée par le dessin, il est bien rare qu'elle ne soit pénétrée de componction et qu'elle n'élève ses yeux vers le ciel. Courage donc, vous le voyez, l'homme par un travail assidu peut accomplir une tâche divine[1]. »

Pour connaître toute la délicatesse de l'art, il faut parcourir les parties les plus reculées, les plus inaccessibles des cathédrales. Elevez-vous dans ces déserts aériens où le couvreur ne se hasarde qu'en tremblant, vous rencontrerez souvent solitaire, sous l'œil de Dieu, aux coups d'un vent éternel, quelque ouvrage délicat, quelque chef-d'œuvre de sculpture où le pieux ouvrier a usé toute sa vie[2]. Pour soulever ce roc, pour asseoir ces pierres sculptées, le courage ne lui a pas manqué. Quand l'architecte lui ordonnait de s'élever à cent, à deux cents pieds, le jeune ouvrier ne disait point : « Maître, j'ai peur, l'abîme m'épouvante. » Il montait en chantant et soulevait audacieusement le roc. Que pouvait-il craindre? La Vierge ne devait-elle pas veiller sur lui?

1. *Essai des divers états*, par THÉOPHILE, prêtre et moine, traduit par Charles de l'Escalopier.
2. *Histoire de France*, par MICHELET, t. II, p. 681.

> De ses miracles la renommée
> Par le païs, par la contrée [1]

s'était si rapidement propagée qu'il pouvait compter dans sa naïveté sur la protection de la *Dame de Chartres*. Plus son ouvrage échappait aux regards, plus il travaillait ; car il ne devait pas échapper à l'œil de Marie. Lorsque l'œuvre était grandiose, il ne disait point : « Maître, aurai-je bientôt fini ? La tâche est longue et la vie est courte. Mes cheveux blanchiront, mes mains seront vieilles avant que l'œuvre soit terminée. » Pèlerins sur la terre, ces ouvriers savaient que le royaume des cieux leur appartenait, qu'après eux viendraient leurs fils, puis leurs petits-fils avec leurs truelles toutes neuves pour continuer l'œuvre, cela leur suffisait. Ils se mettaient promptement à l'ouvrage et laissaient couler le monde sans distinguer souvent dans ses flots orageux autre chose que le bleu du ciel. L'évêque, touché d'une si profonde humilité, d'une si sublime abnégation, leur accordait des indulgences, visitait leurs travaux et se montrait libéral comme ce Regnault de Mouçon « qui fit présent de ses rentes durant trois années entières. »

---

1. *Le Livre des Miracles*, p. 10.

Clercs et borjois et rente et mueble
Abandonèrent en aie
Chascun selon sa maenantie¹.

Les comtes occupés aux croisades ne pouvaient pas inquiéter les ouvriers de Notre-Dame. Jamais ils n'eussent osé leur arracher quelques oboles pour leur vendre des privilèges ou des franchises, car ces ouvriers n'étaient point leurs hommes, mais des pèlerins venus de loin, se qualifiant du titre de *maçon*, *d'ouvrier de Sainte-Marie*. Au contraire les comtes de Chartres donnèrent des sommes immenses « pour que Dieu les *fortunât* dans leurs expéditions lointaines². » Les comtesses seules troublèrent quelquefois la cité chartraine, tandis que leurs époux guerroyaient en Terre-Sainte. Les chanoines, indignés de l'arrogance des officiers de Catherine, fulminèrent en 1210 une sentence d'excommunication. L'effroi se répandit dans la ville, les églises furent fermées, les cloches, si célèbres par leur harmonie³, sonnèrent le glas funèbre et les travaux de la cathédrale furent interrompus. Il fallut que Philippe-Auguste intervînt. Les officiers de la comtesse furent condam-

---

1. *Le Livre des Miracles*, pag. 27.
2. Chevard, *Histoire de Chartres*, t. II.
3. Piotard, *Histoire de Chartres*. SABLON, *Histoire de l'Eglise de Chartres*.

nés « à faire amende honorable en pleine église, *nuds en chemise* et portant des verges pour en être fustigés devant l'autel de la Vierge[1]. »

Quoique beaucoup de pèlerins aient travaillé pour l'amour de la Vierge, il ne faudrait pas en conclure que les ouvriers n'étaient point salariés au XIII⁰ siècle. Presque tous mariés et pères de familles plus nombreuses que les nôtres, les maçons, les imagiers et les peintres-verriers du temps passé recevaient d'assez belles sommes comme le constate le *Livre des Miracles*[2]. Les travaux tels que ceux du jubé, des porches et de certaines roses, exécutés à la suite d'un concours et sous la surveillance du maître de l'œuvre,

[1]. *Histoire de Chartres*, par DE LÉPINOIS, t. I, p. 126. La sonnerie des cloches était considérée comme chose si importante, que le chapitre de Chartres, d'ailleurs si puissant et si riche en privilèges, lorsqu'il lançait l'interdit sur la cathédrale, n'avait pas le droit de faire interrompre les sonneries ordinaires. *Notice sur les cloches de l'église cathédrale de Chartres*, 2⁰ édition, p. 8.

[2]. Il paraît même que trois ans après l'incendie l'argent manqua et que
   Ne forent pas païer assez
Li mestre de l'oeuvre aus ouvriers.
Mais les dons abondèrent tellement que les ouvriers
   Ovroient de volenté
   Car il avoient bonne poie (paie) p. 31 et 40.

étaient encore inspectés par un habile maître venu d'une autre contrée. Les principaux ouvriers étaient presque toujours logés dans des maisons appartenant au chapitre qui, de plus, leur accordait de temps en temps de belles gratifications et leur fournissait chaque année des gants et une robe[1].

L'histoire nous a conservé la vie d'un artiste du onzième siècle, vie capricieuse et étrange à cette époque de barbarie. Sous l'abbatiat de Bérenger, un moine nommé Hugues, natif de Brienne, voulant vivre à sa guise, s'enfuit du monastère fondé par saint Berchaire dans la vaste forêt du Der. Elevé par le savant Adson, qui s'était formé une bibliothèque composée des chefs-d'œuvre de l'antiquité, ce moine avait cultivé de bonne heure les belles-lettres et avait spécialement appris les procédés de la peinture et de la sculpture. Doué d'un gracieux extérieur, Hugues se rendit à Châlons pour y trouver quelque moyen d'existence. L'évêque Gibuin faisait alors réparer

---

1. *Construction d'une Notre-Dame au XIII* siècle*, 1858, Paris, AUBRY. Un architecte ne gagnait en 1306 que 4 sous par jour. Le verre blanc coûtait 4 sous le pied et le verre peint 12 deniers de plus, c'est-à-dire quatre fois moins que le verre nu, pag. 50 et 51. *Comptes de l'église de Troyes*, publiés par GADAN, p. 16.

f.

son église qui menaçait ruine et appelait à lui bon nombre d'ouvriers. Hugues se présente à l'évêque et donne tant de preuves de son habileté que le prélat le charge de renouveler les peintures de sa cathédrale que le temps avait effacées. Comblé de soins et jouissant complètement de sa liberté, notre artiste finit par oublier son monastère et par s'éloigner de la bonne voie.

Peu de temps après, l'évêque Gibuin fut appelé par l'abbé Bérenger pour consacrer l'église de Montier-en-Der dont la construction venait d'être terminée. L'évêque Gibuin répondit à l'appel de l'abbé et partit avec Hugues. Mais dans l'enceinte du couvent, l'artiste défroqué retrouva ses frères et voulut faire quelque ouvrage pour la décoration de l'église qu'il avait abandonnée.

L'évêque Gibuin, qui avait révélé l'excellence de ses études à l'abbé de Montier-en-Der, obtint pour son protégé la faveur de ne point vivre selon la règle de la maison. Il fut donc installé par les moines dans une hôtellerie écartée, où toutes les choses même superflues lui furent fournies et se mit à composer une belle image de la croix du Seigneur. Mais le Sauveur de ce monde ne permit point qu'un homme qu'il avait attendu si longtemps pût dessiner l'image de sa figure. Hugues tomba malade et souffrit des douleurs si aiguës qu'il avoua ses fautes et demanda l'habit monacal. Les frères touchés lui accordèrent ce qu'il demandait, mais l'ennemi des hommes rappela son génie fécond en ruses pour inventer des machinations. Le pauvre malade reçut le Saint-Viatique pour triompher des démons qu'il voyait à son chevet. La Reine des Cieux eut pitié de lui, lui apparut et le délivra[1].

Hugues, recouvrant la santé, passa le reste de ses jours dans le monastère, mais un autre artiste composa la sainte image.

Quoique le XIIIe siècle fût une époque de foi et de candeur, il ne faudrait pourtant pas croire que la naïveté de ce temps ne fût point quelquefois maligne. Lisez les fabliaux et les mystères depuis la Bible de Guyot de Provins jusqu'au drame joué sur la grande place de Troyes en 1475, et vous découvrirez des passages qui choquent même les bonnes mœurs. Les trouvères flagellent grossièrement les moines, les grands seigneurs et les souverains pontifes. C'est même le temps où le diable paraît, s'insinue volontiers dans les affaires et suscite cette race maudite de sorciers

---

1. *Acta S. S. Ordinis Benedicti*, vol. II, p. 855. *Les Moines du Der*, par l'abbé BOUILLEVAUX, p. 122.

qui compromettent de graves personnages dans de malheureux procès. Tandis que le vidame de Chartres chante sa dame, sur les portails de la cathédrale de laides statues nous révèlent ce que le Dante traduira plus tard dans son poëme harmonieux. Au portail méridional, les démons enfourchent des réprouvés à coups de fourche; une religieuse veut résister au bras qui l'entraîne, mais elle tombe dans le gouffre malgré ses larmes et ses efforts. Plus loin une reine veut fuir, mais elle succombe sous l'étreinte terrible de Satan qui se frotte les mains en voyant le nombre prodigieux de ses victimes. Que saint Augustin s'élève contre les livres apocryphes, que les papes stigmatisent la poésie légendaire des premiers siècles, les peintres n'en représentent pas moins les histoires de saint Thomas, de saint Jacques et des autres apôtres telles qu'elles sont racontées dans le *Combat des apôtres*. Quelquefois les peintures et les sculptures deviennent lascives comme dans la légende de l'enfant prodigue. Sont-ce ces figures qui déjà choquaient au XIIe siècle l'éclatante pureté du bienheureux abbé de Clairvaux, lorsqu'il blâmait ouvertement l'ornementation grotesque des églises? Durand dans son *Rational* se montre moins sévère et se contente de citer ces vers d'Horace :

. . . . . . **Pictoribus atque poetis
Quidlibet audendi semper fuit æqua potestas.**

Dans un temps où la naïveté naissait de l'innocence et de la simplicité, où les principaux mystères étaient représentés sur la scène pour l'instruction du peuple, où les vices paraissaient avec leur difformité pour subir la flétrissure, la licence des artistes n'encourait pas la sentence des évêques. A ces hommes du moyen-âge, à tous ces chrétiens impressionnables, mais qui ne savaient pas lire, le clergé livrait des rondes bosses, des bas-reliefs et des tableaux, où d'un côté la science et de l'autre le dogme étaient réalisés en personnages. Une voussure sculptée dans le portail d'une cathédrale, une verrière historiée dans les nefs, étaient une leçon pour les ignorants, un sermon pour les croyants, leçon et sermon qui entraient dans le cœur par les yeux, au lieu d'y arriver par les oreilles. La représentation des *mystères* et des *miracles* venait mettre en action les personnages peints sur les verrières, sculptés sur les chapiteaux ou incrustés dans les voussures. On jouait dans les cathédrales ces *miracles* de saint Nicolas et de saint Martin, ces *mystères* de l'Annonciation, de la Nativité et de la Passion que l'art du dessin avait figurés par la sculpture et la peinture. Le geste et la parole traduisaient ce que la ligne et la couleur avaient exprimé. L'art graphique et l'art dramatique étaient, comme on le voit, le livre de ceux qui ne savaient pas lire. Aidé par les objets matériels, par les statues, les images et les jeux scéniques, l'esprit débile pouvait monter jusqu'à la vérité et l'âme plongée dans les ténèbres se relevait dans la lumière que l'art faisait éclater aux yeux, comme l'a dit l'abbé Suger, le grand artiste de Saint-Denis[1]. Rien d'étonnant si les peintures du moyen-âge n'ont pas toujours cette sévérité des peintures contemporaines, car on sculptait les vices pour mieux les condamner[2].

Sur les contreforts, l'âne a même sa place, *l'âne qui vielle* ou plutôt qui pince de la harpe[3]. Est-ce une allégorie? Des savants discutent sur ce point sans se douter que la fête de l'âne était une de ces grandes fêtes populaires qui divertissaient le

1. Mens hebes ad verum per materalia surgit
Et demersa priùs hac visa luce resurgit.
2. *Iconographie chrétienne. Histoire de Dieu*, par Didron, p. 7.
3. Façade méridionale de la base du clocher-vieux. Une autre statue sur le même contrefort représente un vérat portant autrefois une quenouille et connu sous le nom de *Truie qui file.*

peuple. Plus loin, personnifiée dans une forte femme de vingt-cinq à trente ans, se cambre avec fierté à quarante pieds au-dessus du sol, la liberté, *Libertas!* Vêtue d'une longue robe et d'un manteau retenu sur ses épaules au moyen d'une cordelette, cette mâle vertu tenait de la main droite un glaive ou une pique et de la main gauche un écusson dont le champ porte deux couronnes royales. Est-ce la liberté communale octroyée par les rois aux bourgeois de Chartres? Quelques historiens le croient, mais Mme d'Ayzac, dans son remarquable opuscule sur les statues du porche septentrional de Chartres, a prouvé que la liberté telle qu'elle est représentée sur les portails des cathédrales est une des quatorze *béatitudes célestes* décrites par les grands théologiens du moyen-âge [1].

Quoiqu'il en soit, la mémoire des humbles maçons de Notre-Dame sera toujours bénie et glorifiée. Il est bien vrai que les riches et les puissants occupaient la première place dans ce temple bâti par les petits, tandis que ceux-ci s'agenouillaient sur les dalles, inconnus au milieu d'une foule compacte. Mais si les blasons et les portraits des

[1] Ouvrage cité, p. 33. Porche septentrional, baie latérale de gauche, sixième cordon de la voussure.

rois et des princes bienfaiteurs de l'église brillent encore sur les verrières et aux portails, comme le témoignage le plus éclatant de leur foi, votre compas et votre équerre, ô nobles tailleurs de pierre, n'en sont pas moins devenus de sublimes armoiries. Votre gloire est encore là, debout, vivante, incarnée aux flancs de la sainte basilique que vous avez enfantée, de cette *Notre-Dame* que nous admirons et qui, profondément pénétrée d'un souffle de grâce et de vie, racontera jusqu'à la fin des siècles vos saintes aspirations et la toute-puissance de Celle à laquelle vous l'avez élevée!

IV

SPLENDEUR DE L'ART CATHOLIQUE

AU XIIIe SIÈCLE.

« Au seul aspect de ceste église tous les Polyclètes du jadis jetteroient là leur cizeau et tous les Vitruves du passé vouldroient prendre ce chef-d'œuvre pour le modelle de leur architecture. »
S. ROUILLARD, *Parthénie*, p. 138.

« On reconnaît là sans nulle difficulté la maison de Dieu et l'œil y est ébloui comme par une apparition des merveilles célestes. »
BOURASSÉ, *les Cathédrales de France*, p. 549.

Construite en pierres sorties des carrières de Berchères-Lévêque et presque aussi dures que le fer, la cathédrale de Chartres a des soubassements dont la hardiesse et la puissance excitent l'admiration des architectes. Le génie des géants qui jetèrent les fondements de cette basilique se révèle avec le même éclat dans les constructions supérieures. Murs, contreforts, tours et voûtes, tout offre le rare mélange de la force et de la majesté. Trente contreforts à ressauts contournent l'édifice et renforcent les voûtes en servant d'appui à de gracieux arcs-boutants. Six tours surmontées de clochers, distribuées aux deux bouts du transept et à la courbure de l'abside devaient accompagner les tours et les clochers de la façade royale. Les massifs de ces tours percés de baies ogivales à colonnettes arrivent à la hauteur de la corniche de la grande nef, mais les clochers n'ont pas été construits, les deux clochers, qui dominent la façade royale, se dressent seuls majestueux à une hauteur prodigieuse et méritent la célébrité qu'ils ont acquise dans tout l'univers, surtout le clocher-vieux, dont la mâle et sévère beauté étonne les plus habiles architectes [1].

Au-dessous de ces gigantesques et merveilleuses pyramides apparaît la façade principale, la façade occidentale qui se compose d'un perron de six marches, d'un porche à triple baie historiée de sculptures, d'un triplet ogival et vitré, d'une rose aux élégants compartiments, d'une balustrade avec trottoir, d'une galerie de rois et d'un pignon terminé par une statue [2].

1. *Histoire de Chartres*, par DE LÉPINOIS, t. I, p. 199. La hauteur du clocher-vieux est de 106 mètres 50 centimètres, et celle du clocher-neuf, 115 mètres 17 cent. La longueur de l'église dans œuvre est de 130 mètres 86 cent.

2. *Description de la cathédrale de Chartres*, par l'abbé BULTEAU.

Le porche élevé au douzième siècle, sous l'épiscopat de Guillaume de Champagne, par ces corporations ambulantes qui se plaisaient surtout à séjourner à Chartres, est entièrement consacré à *l'attente*, à *l'avènement* et à la *glorification* de Jésus-Christ. Les artistes ont choisi l'Occident pour un sujet si splendide, parce que l'Occident est le côté de l'ombre et du sommeil vers lequel doit luire le flambeau de l'Evangile pour l'éclairer de sa divine lumière [1]. Sur les six parois latérales des trois baies qui s'ouvrent aux regards du spectateur, se dressent de grandes statues représentant cette majestueuse succession de patriarches, de prophètes, de rois et de reines qui ont eu l'honneur de se transmettre d'âge en âge l'espérance d'engendrer le Sauveur du monde. Ces statues et celles plus colossales de la porte centrale, figurant sans doute les ancêtres les plus illustres du Messie, contemplaient autrefois leur Sauveur qui a disparu avec le trumeau du centre de l'entrée principale [2].

Au tympan de la porte latérale de droite, les

[1]. *Mélanges d'archéologie*, par les R. P. Cahier et Martin, t. I, p. 81.
[2]. *La Voix de Notre-Dame de Chartres*, 2ᵉ année, pag. 133.

artistes ont représenté Jésus descendu sur la terre après cette longue attente de quatre mille ans. La Vierge Marie apparaît à la place d'honneur parce qu'elle accomplit un rôle éminent dans l'œuvre de l'Incarnation. Mais Jésus est celui dont la vie douloureuse est racontée sur ce livre de pierre, depuis sa naissance jusqu'à son ascension. Sa *glorification* commence au tympan de la baie centrale. Environné d'une auréole glorieuse, le Sauveur assis sur un trône délicatement sculpté, voit à ses pieds cette terre qu'il a arrosée de son sang et bénit le genre humain qu'il a racheté. Au-dessous, rangés trois par trois, sur le devant du linteau, apparaissent les douze apôtres qui participent à son triomphe dans le ciel, après avoir partagé ses travaux sur la terre. A leur suite viennent les anges, les vieillards de l'apocalypse et des légions de martyrs et de saints[1].

Rien de plus délicat sans doute, malgré les ravages du temps, que les 700 statues dont se compose ce merveilleux porche, surtout les statuettes qui représentent les arts et les sciences et que

[1]. Sur un pilastre de gauche, au-dessus de la tête d'un boucher assommant un bœuf, on lit : *Rogervs*. Est-ce le nom d'un boucher, donateur de quelques statues, ou celui d'un artiste ?

des artistes distingués placent au-dessus des statues du XIIIe siècle comme si le siècle de saint Louis avait été le commencement de la décadence de l'art gothique. Mais quel regret qu'elles ne soient plus toutes fraîches, sortant du ciseau des imagiers du XIIe siècle et surtout rehaussées par la dorure et par l'éclat des couleurs les plus vives dont il est encore facile de découvrir quelques vestiges sur les sculptures du tympan de la porte centrale !

La façade septentrionale qui termine le transept vers l'évêché et qui appartient au XIIIe et au XIVe siècle se compose d'un perron de neuf marches, d'un porche en saillie, d'une balustrade, d'une galerie vitrée, d'une belle rose, d'une galerie couverte, d'une balustrade découpée et d'un pignon. Le porche percé de trois baies principales, d'une magnificence incroyable[1], est dédié à la Vierge Marie et raconte en pierre la généalogie charnelle et spirituelle de cette auguste Vierge, ses prérogatives, ses vertus, ses occupations, sa vie, sa mort, son assomption et son couronnement dans le ciel[2]. Les artistes ont placé cette bonne

1. *Archéologie chrétienne*, par l'abbé BOURASSÉ, pag. 233.
2. *Description de la cathédrale de Chartres*, par l'abbé BULTEAU, p. 66.

Mère de la miséricorde au nord, parce que le nord est la région des frimas et des orages et que là surtout doit éclater la puissance de la Reine des Cieux. Sur le trumeau de la porte centrale s'élève la statue colossale de sainte Anne tenant cette Vierge à laquelle est dédié le portail. Sur les parois de cette porte apparaissent les nobles personnages de l'Ancien Testament qui ont figuré ou prophétisé l'avènement du Messie, Melchisédech, Abraham, Moïse, Samuël, David, Isaïe, Jérémie, Siméon, S. Jean-Baptiste et même Saint Pierre. Sur les parois de la porte latérale de droite se dressent les statues colossales de Samson, de la reine de Saba, de Salomon, de Jésus, l'auteur de l'*Ecclésiastique*, de Judith et de Gédéon, tandis que sur les parois de la porte latérale de gauche sont représentées l'Annonciation et la Visitation figurées par six statues colossales. Sur le tympan et sur les voussures l'histoire de Marie se déroule depuis la création du monde jusqu'aux pèlerins venus à Chartres pour aider de leurs deniers à la construction de son église. Rien de plus ingénieux que l'arbre de Jessé, sculpté aux cordons de la voussure de la porte centrale, de plus délicat et de plus pur que les dix vierges, les douze fruits de l'Esprit-Saint, les vertus et les vices et les béatitudes célestes. Contre les piliers de la baie centrale et de la baie latérale de droite se dressent les princes et les princesses qui ont contribué à la décoration du porche et de l'église. Ces bienfaiteurs sont accompagnés des prophètes [1].

La façade méridionale se compose d'un large perron de dix-sept marches, d'un porche en saillie et à triple baie, d'une rose aux délicats compartiments et de plusieurs galeries avec balustrades. Le porche de cette façade, tout entier consacré à Jésus-Christ, surpasse en beautés celui du nord et déploie sous les regards étonnés toute la magnificence de l'art catholique. On sent que l'architecte a voulu faire de ce porché le chef-d'œuvre de son art.

Sur le trumeau de la porte centrale s'élève la statue colossale de Jésus-Christ vainqueur, écrasant sous ses pieds le lion et le dragon. Au-dessous apparaissent les bienfaiteurs, Pierre de Mauclerc, comte de Dreux et duc de Bretagne, et son épouse Alix. Sur les parois, les apôtres assistent au triomphe de celui qu'ils ont annoncé et foulent aux pieds leurs persécuteurs. Au tympan, Jésus,

---

[1]. Plus souvent les donateurs paraissent agenouillés à côté de leur saint patron comme on peut le voir sur les verrières datant même du XVIᵉ siècle.

assis sur un trône, juge les vivants et les morts. Les âmes sont pesées et séparées en présence des bienheureux. Malheur aux avares qui ont entassé des trésors, aux religieux qui ont violé leurs vœux! Des anges les chassent à coups de glaive et de bouclier, et des démons les entraînent à coups de fourche. A droite et à gauche du Souverain Juge, les morts sortent de la tombe au son de la trompette et jettent un regard suppliant vers leur Sauveur.

Sur les parois, sur les voussures et sur les piliers des trois baies de ce splendide porche sont représentés les anges, les vierges, les confesseurs, les prophètes, les vieillards et les saints martyrs, ces élus de Dieu, dont le monde a quelquefois outragé les reliques et dont les corps glorieux brillent au grand jour. Tous y sont depuis saint Étienne, premier martyr, jusqu'à saint Thomas de Cantorbéry, que deux infâmes guerriers assassinent au pied de l'autel principal de sa cathédrale et qui vint plusieurs fois dans son exil puiser des forces devant la *dame* de Chartres1. Les ver-

1. Jean de Salisbury, disciple de saint Thomas et plus tard évêque de Chartres, fit don à son église du sang de l'illustre martyr et du poignard dont il fut frappé. *Le Livre des Miracles*, p. 173.

tus et les vices y sont même représentés, parce qu'au jour du jugement la manifestation de la justice divine doit éclater dans la récompense des vertus et dans le châtiment des vices.

Au-dessus du porche, dans une riche galerie, dix-huit statues colossales sont destinées à représenter les rois de Juda, ces vénérables ancêtres de Jésus-Christ, qui devaient assister au triomphe de celui qu'ils attendaient. Ainsi se complète cette admirable histoire du christianisme commençant à la création du monde et finissant ici-bas au grand jour du jugement; histoire merveilleuse qu'il est facile de lire sur les portails des belles cathédrales de Reims, d'Amiens et de Bourges, parce que les imagiers du XIIIe siècle suivaient l'ordre exigé par la symbolique chrétienne et ne plaçaient point leurs statues suivant leur caprice ou celui des donateurs.

Entrons dans cette admirable basilique. Quel splendide coup d'œil que ces colonnes s'épanouissant en nervures sur la voûte qu'elles supportent à une hauteur prodigieuse, que ces murailles si légères et transparentes[1]! Cinquante-deux piliers

---

1. La hauteur de la voûte de la nef centrale, prise au centre du transept est de 36 mètres 55 cent. ; et celle des voûtes latérales, 13 mètres 85 cent.

isolés et quarante pilastres liés par des murs soutiennent l'immense édifice. Les voûtes de la nef et du chœur, formées de voûtes partielles ogivales, excitent surtout l'admiration par leur largeur et par l'habileté de ceux qui les ont élevées.

Le pavé, composé de grandes dalles en pierre de Berchères, présente une pente sensible qui atteste le nombre prodigieux de pèlerins qui encombraient autrefois l'église et qui permettait à l'eau de s'écouler lorsqu'on nettoyait les nefs après le départ des fidèles [1].

Au milieu de la nef un labyrinthe rappelle encore le pèlerinage de Jérusalem. Des indulgences étaient jadis accordées à ceux qui parcouraient dévotement les détours de ce dédale vulgairement appelé la *lieue*.

Le chœur, selon l'antique usage, était fermé par un admirable jubé construit au XIIIe siècle, mais cette barrière mystérieuse entre le saint des saints et le peuple des fidèles a disparu sous le marteau des Vandales modernes, dans la nuit du

---

[1]. A cette époque, où l'église était le véritable domicile du peuple, les nefs étaient également occupées par des vendeurs de cierges, des marchands de victuailles, des crieurs de vin et même par des enfants jouant au palet. *Histoire de Chartres*, par DE LÉPINOIS, t. 1, p. 181.

24 au 25 avril 1763. Ses débris ont servi de gravois pour niveler le sol de la cathédrale et deux massifs en pierre de Tonnerre l'ont remplacé, étalant à tous les regards les images des déesses de la Grèce payenne.

Mais jetons plutôt un coup d'œil sur l'effet général de la vitrerie de Notre-Dame[1]. « Cet effet, soyons-en convaincus, n'est pas le simple résultat du jeu de la lumière à travers l'assemblage fortuit des verres colorés. C'est un effet produit sciemment et savamment cherché par l'artiste, car tout en est rationnel et symbolique. Voyez l'obscurité pieuse qui règne au seuil du temple ; elle se dissipe légèrement en approchant du centre de la croix, emprunte des couleurs plus vives à la palette du peintre en tournant autour du chœur, puis enfin fait place dans le sanctuaire aux tons vifs et brillants qui s'échappent de la voûte. Que de poésie dans cette immense gamme de tons si habilement ménagée, admirable symbole de la lumière chrétienne qui s'échappe à

---

1. La peinture sur verre ne garnit pas moins à Chartres de 125 grandes fenêtres, 3 roses immenses, 35 roses moyennes et 12 petites roses, datant presque toutes du XIII° siècle. *Description de la cathédrale de Chartres*, par M. l'abbé BULTEAU; — ouvrage le plus complet et le plus savant qui ait été publié jusqu'à ce jour.

grands flots du sommet de la croix et jette encore une lumière amoindrie sur ceux qui s'en éloignent!

« Pour produire ces effets qui nous frappent, l'artiste ne s'est servi pourtant que de moyens fort simples. Dans les nefs latérales, des verrières aux tons froids sont chargées de nombreux sujets dont les personnages se pressent en foule dans des cadres fort rétrécis. Les fonds eux-mêmes couverts de divers ornements sont formés d'un nombre infini de morceaux de verre dont les joints rapprochés ajoutent encore à l'obscurité de la teinte générale. C'est une habile application du style *légendaire*, et le choix même des sujets se trouve ici d'accord avec la place qu'ils occupent. Les mêmes tons dominent dans les hautes fenêtres de la nef centrale, mais là les figures plus grandes et les fonds plus unis livrent au jour plus d'accès et laissent une lumière vague circuler sous la voûte.

« Lorsqu'on arrive au centre de la croix, le bas des ailes latérales est également plongé dans une obscurité que la masse des portails rend de plus en plus complète. Mais des roses placées au sommet des transepts une lumière harmonieuse et irisée descend obliquement jusqu'à l'entrée du chœur pour s'y confondre avec les teintes mystérieuses de la nef; et la galerie qui règne au-dessous de ces roses semble elle-même destinée à établir une transition entre leurs parties diaphanes et les masses opaques qui les supportent.

« Autour du chœur sont les chapelles où règne encore une lumineuse obscurité. Là, nous trouvons encore des vitres légendaires aux fonds si richement ornés, mais avec des teintes plus chaudes, où sont répandus avec profusion la topaze, l'émeraude et le rubis, immortelle couronne destinée à briller au front du Roi des cieux représenté par son Eglise.

« Au milieu de l'auréole de ces saintes chapelles s'élève le sanctuaire éblouissant de clarté, comme Jésus radieux au milieu des apôtres, et des torrents de lumière chaudement colorée descendent dans le chœur à travers les figures gigantesques qui couvrent ses verrières. Il semble ici que l'artiste ait dérobé un rayon de lumière divine pour animer son œuvre; rayon éblouissant d'abord et dont l'harmonie décroissante vient mourir à l'entrée du sanctuaire, comme pour indiquer la place où le chrétien entre en communication avec son Dieu[1]. »

1. *Histoire de la peinture sur verre*, par F. DE LASTEYRIE, texte T. I, p. 56.

Mais il ne suffisait pas à l'artiste du moyen-âge que les couleurs produisissent un merveilleux effet, les figures devaient représenter le drame qui se déroule sur les portails. Contemplez la rose occidentale, elle seule déroge à cette admirable loi, car, par un caprice sans doute de l'artiste ou du donateur, elle représente le jugement dernier, tandis qu'elle devait être consacrée à l'attente, à la venue et à la vie de Jésus-Christ; comme le porche de la façade septentrionale. L'artiste du XIIe siècle, mieux inspiré, a représenté au-dessous, dans les trois plus belles verrières de la cathédrale, l'arbre de Jessé, l'enfance du Sauveur et les principales scènes de sa Passion[1].

Jésus, assis sur des nuages, au centre d'une auréole quadrifoliée, laisse couler de ses plaies le sang qui sauve ou qui condamne l'humanité. Les chérubins, les anges et les apôtres l'environnent. Plus haut brillent les instruments de sa Passion, tandis que retentit la trompette fatale. La terre s'ouvre, les morts sortent du tombeau et jettent

[1]. M. DE LEPINOIS, dans son *Histoire de Chartres*, croit que l'artiste du XIIIe siècle, en rompant l'uniformité mystique, s'est cependant conformé à un usage de son temps, d'après lequel le tableau du *jugement dernier* devait être placé à l'Occident, t. I, p. 222.

un regard vers le juge suprême. Saint Michel, comme au porche méridional, pèse les âmes dans la balance. Les unes sont conduites dans le sein d'Abraham et les autres, traînées par les démons, tombent dans le gouffre qui ne rend jamais ses victimes.

La rose septentrionale ou *Rose de France*, due à la libéralité de saint Louis, représente la *glorification de Marie*, comme le sujet sculpté au porche du nord. Au centre, Marie, assise sur un trône, tient dans ses bras le Sauveur du monde et reçoit les hommages des anges, de ses bienheureux ancêtres et des prophètes peints dans trois cercles de douze médaillons. Au-dessous, dans les cinq grandes fenêtres, apparaissent les saints personnages de l'Ancien Testament et la bienheureuse Anne, tous associés à la gloire de la Reine des cieux. Saül, Nabuchodonosor, Jéroboam, Pharaon y sont même pour montrer au chrétien que les grandeurs de ce monde passent et que Dieu se plaît à élever les humbles.

La rose méridionale, due à la libéralité du comte de Dreux, redit la *glorification de Jésus-Christ* sculptée au portail du midi. Au centre, Jésus, assis sur un siège, bénit le monde et tient dans sa main gauche un large calice. Dans les trois cercles de douze médaillons apparaissent les animaux évangéliques, les anges et les vieillards de l'apocalypse. Au-dessous, dans les cinq grandes fenêtres, l'artiste, pour compléter le sujet, a peint Jésus présenté par sa divine mère aux fidèles et les quatre grands prophètes Isaïe, Jérémie, Ezéchiel et Daniel portés par les quatres évangélistes pour nous montrer que la nouvelle loi repose sur l'ancienne.

A l'Orient, à l'abside, sept grandes verrières redisent encore la *glorification de Marie,* patronne de la basilique, recevant les hommages des personnages de l'ancien Testament et même de saint Pierre. Que dire des autres magnifiques verrières dont les sujets ont été si savamment décrits par M. l'abbé Bulteau ? On sait qu'à l'exception des grandes roses tout au XIII° siècle paraît avoir été laissé au caprice des donateurs et que la plupart des vitraux ont été consacrés à la représentation de la vie des saints patrons de ceux qui en décoraient les basiliques. Rien cependant de plus admirable que ces légendes où sont racontés tous nos combats, toutes nos épreuves d'ici-bas pour atteindre à notre fin dernière.

Contemplez la première verrière qui s'offre à

vos regards, par exemple celle de saint Eustache[1]. Sur le panneau inférieur, Placide, commandant les gardes de Trajan, poursuit un pauvre cerf. La bonté divine enfante un miracle pour le salut du chasseur, une croix lumineuse brille entre les cornes de l'animal fugitif. Placide, touché de ce prodige, descend de son cheval, se met à genoux et reçoit le baptême. Une fois tiré des ténèbres de l'idolâtrie, l'homme peut s'élever, comme les panneaux vers le Père éternel. De grandes calamités fondent sur lui, son épouse lui est ravie, ses enfants sont dévorés par deux bêtes féroces. Eustache, plein de confiance en Dieu, se retire dans un pays éloigné. Sa vertu grandit de jour en jour, son âme s'élève au-dessus de la terre. Il peut souffrir le martyre, mourir même avec sa femme dans les flancs rougis d'un taureau d'airain. Le nom d'Adrien passera, mais les fidèles se souviendront toujours d'Eustache, parce qu'il a mérité par ses vertus héroïques de reposer dans le sein du Père éternel.

Ainsi nos peintres-verriers du moyen-âge prenaient l'homme à sa naissance, ne rougissaient point de représenter même quelquefois ses fautes, parce qu'ils savaient que les vitraux devaient être

---

1. Bas-côté à partir du clocher-neuf, 3ᵉ vitrail.

le catéchisme illustré du pauvre peuple et que la sainteté peinte sous un aspect trop austère devait produire un découragement déplorable dans les âmes. Tous les panneaux inférieurs dont les légendes sont consacrées aux premières années des saints, à cet âge où l'homme appartient encore à la terre par les misères et par les faiblesses de notre nature. Les panneaux supérieurs contiennent les actes éclatants et les prodiges opérés par la foi. L'homme s'est détaché de ce globe fangeux et marche de vertu en vertu, selon l'expression naïve d'un chroniqueur, jusqu'à ce qu'il arrive dans la demeure du Père éternel dont l'éblouissante figure domine toute la verrière.

Qui a colorié ces vitraux et conçu cette admirable disposition? Nul le sait. Il semble que le XIIIe siècle si fécond, si prodigue de beautés ravissantes n'ait voulu nous laisser que l'expression la plus majestueuse de sa foi. Un seul nom, celui de *Clemens, vitrearius carnotensis*[1], trouvé sur une verrière de la cathédrale de Rouen, nous reste de tant d'artistes dont les œuvres sont admirées de toute l'Europe. Mais en revanche, les grands sei-

1. Auquel on attribue la légende de Saint Martin, à cause de sa ressemblance avec quelques verrières de Rouen.

gneurs, les comtes et les barons, bienfaiteurs de l'église, brillent avec leurs blasons. Les touristes et les pèlerins peuvent encore contempler ce Louis de Poissy, monté sur son coursier blanc et partant à la tête de ses preux, vêtu de son armure guerrière, vers cet Orient qui devait être le témoin de ses vertus et de son glorieux trépas. A sa suite paraissent Ferdinand III de Castille que l'Église honore, et tout bardé de fer pour la défense de la foi, Blanche de Castille qui conduisit si souvent son jeune fils à Chartres et qui lui inspira une dévotion si tendre « envers Notre-Dame, » Pierre Mauclerc qui, quoique turbulent, fut le bienfaiteur le plus généreux de cette basilique, Thibault VI, comte de Chartres, qui combattit si vaillamment à la bataille de Las Novas de Tolosa où succombèrent tant de Musulmans, Amaury de Montfort, connétable de France, Pierre de Courtenay qui ceignit la couronne impériale à Constantinople, Bouchard de Marly, de la noble maison de Montmorency et tant d'autres illustres personnages dont les armoiries resplendissent sur les vitraux de l'étage supérieur.

Les petits n'ont pas osé s'individualiser, mais ils se sont cotisés pour donner des verrières et faire peindre leurs métiers sur celles de l'étage inférieur. Tous y sont depuis les maçons, les drapiers, les pelletiers, les orfèvres et les changeurs jusqu'aux portefaix et aux porteurs d'eau représentés au bas de la légende d'un saint patron, de sorte que Notre-Dame de Chartres peut être considérée comme le plus riche musée des beaux-arts, grande école où les hommes nous enseignent que le travail seul vivifie la matière !

Telle est cette merveilleuse cathédrale que des populations entières élevèrent au XIII° siècle à Celle dont ils proclamaient la puissance et que commencent à visiter chaque année de nombreux pèlerins. Mais que dire de cette crypte immense qui se développe sous les latéraux et sous les chapelles et qui a conservé l'empreinte des siècles même les plus reculés ? Décorée de treize chapelles dues à la piété de nobles personnages, elle attirait surtout par l'éclatante renommée de son antique madone connue sous le nom de *Notre-Dame sous terre*[1]. Il y venait tant de fidèles que

1. La crypte chartraine ne compte pas moins de 140 mètres de longueur sur une largeur de 5 à 6 mètres. Rendues au culte depuis quelques années, ses chapelles attirent les pèlerins et des prodiges leur rendront leur antique renommée, car la Vierge est aussi puissante au XIX° siècle qu'au moyen-âge.

cette crypte devint une hôtellerie qui eut de pieuses vierges chargées de soigner les pèlerins atteints du *mal des ardents*. Ajoutez à cela la sonnerie la plus harmonieuse [1], un chapitre de 72 chanoines, de nombreux chapelains, des matiniers, des heuriers, des cérémonies splendides et la foi vive et simple de nos bons aïeux et vous aurez une image de Notre-Dame de Chartres au moyen-âge, c'est-à-dire, d'une des plus belles cathédrales qui seront toujours la gloire de la France catholique.

[1]. L'église de Chartres, vers 1260, ne possédait pas moins de huit grosses cloches, parmi lesquelles on cite le gros bourdon, nommé Marie, d'un poids considérable et donné par un archidiacre de Vendôme qui fonda un revenu de 100 livres pour le faire sonner.

V

PÈLERINAGES ET RENAISSANCE.

« Quoique l'humble peuple ait toujours afflué à Notre-Dame, je n'oserais soutenir qu'il n'existe pas en France d'autres sanctuaires de Marie aussi populaires que celui de Chartres; mais ce qu'on peut affirmer, c'est que Chartres est le pèlerinage historique, le pèlerinage par excellence. »

Mgr Pie, *Discours à la cérémonie du couronnement de Notre-Dame de Chartres*, p. 23.

VISITÉE par plusieurs papes, par un grand nombre de rois, d'évêques, de seigneurs et de fidèles, la cathédrale de Chartres s'élevait majestueuse sur l'antique colline des Carnutes, décorée de toutes les beautés de l'art catholique, lorsque Philippe-le-Bel, vainqueur des Flamands à Mons-en-Puelle y vint accompagné de son fils, le jeune comte de Marche pour offrir tous deux leur armure à la Vierge vénérée à laquelle le monarque croyait devoir son succès[1]. Le jeune comte, deve-

---

1. Ce trophée était autrefois appendu au pilier faisant face à la Vierge noire et se composait d'un casque, d'une cotte de mailles en acier et d'un haubergeon pourpointé. Le musée de la ville renferme encore aujourd'hui deux

nu roi sous le nom de Charles IV, n'oublia point cette Vierge puissante et vint lui offrir son royaume. Le chapitre de Notre-Dame, alors composé de nobles personnages et de savants chargés quelquefois par les princes de graves affaires, fit entreprendre des travaux importants d'après les devis de Nicolas de Chaumes, maître de l'œuvre du roi de France, de Pierre de Chelles, maître de l'œuvre de Notre-Dame de Paris et de Jacques de Longjumeau, maître charpentier juré de Paris. La chapelle Saint-Piat, ce hors-d'œuvre de Notre-Dame, fut commencée en 1324 et élevée avec les offrandes des chanoines et des fidèles « qui y arrivoient de toutes parts[1]. » Imitant l'exemple de ses prédécesseurs, Philippe V de Valois, vainqueur des Flamands à Cassel en 1328, entra dans le saint temple, monté sur son coursier, armé de toutes pièces et suivi des principaux barons. Descendant ensuite de son cheval, il s'agenouille devant la Vierge antique dans son mystérieux sanctuaire et laisse 1000 livres tournois pour racheter son armure et son coursier qu'il avait offerts à la Vierge[2].

trophées composés de quelques pièces des armures de Philippe-le-Bel et du prince Charles, son fils.

1. S. Rouillard, *Parthénie*, p. 141.
2. Chaque année le jour de l'anniversaire, on exposait

Mais à cet âge de foi succède un siècle de guerre et de calamités. Les Anglais envahissent le royaume de France, la noblesse, si fière de ses droits et de ses titres, se voit à Crécy rudement souffletée par les mains calleuses des porchers irlandais, la fleur de la chevalerie trouve son tombeau dans les défilés du Poitou et laisse en mourant son bon roi captif. Il semble que l'église elle-même s'arme contre ses agresseurs. Les quatre tours carrées, dont sont flanqués les deux portiques du nord et du midi, sont occupées par quatre hommes chargés de garder la basilique et le cloître. Plus tard, vers l'abside, sur les autres tours carrées, même défiance et mêmes préparatifs. Dans l'intérieur, on dirait que le temple privilégié de la Vierge doit être assiégé et profané. La sainte châsse n'est plus exposée à la vénération des fidèles, les saintes reliques n'ornent plus les autels, le chœur et les bas-côtés se chargent de lourdes chaînes de fer. Les ténèbres mêmes de la nuit ne calment point la frayeur, des dogues sont lâchés pour dévorer l'audacieux qui osera

à l'un des piliers de la grande nef un tableau en bois sculpté représentant le monarque armé en guerre et monté sur un cheval bardé.

porter une main téméraire dans la maison de Dieu¹.

Vainqueur à Poitiers, Edouard s'avance « vers le bon pays de Beauce, » tandis que Jean II subit à Londres sa captivité. Chartres, fidèle à son prince, apprend que le monarque anglais approche de ses murailles et que les négociations ouvertes à Sours n'ont pu modérer l'ambition d'Edouard. C'en est fait, les chevaux des cavaliers anglais foulent déjà sous leurs pieds les champs fertiles de la Beauce, lorsque tout-à-coup une tempête effroyable remplit les soldats du roi d'Angleterre d'une indicible terreur. Des pierres tombent en une telle abondance, dit Froissart, que beaucoup d'hommes et de chevaux succombent². Se tournant alors vers l'église de Notre-Dame de Chartres dont il pouvait apercevoir les majestueuses flèches, Edouard s'agenouille et promet d'accorder la paix, si la Vierge aux Miracles fait cesser cette terrible tempête qui décime son armée. Tout-à-coup l'orage se calme, le monarque anglais se rend à Chartres, « remercie la Vierge » et signe la paix dans le petit château de Bréti-

---

1. *Histoire de Chartres*, par Chevard, t. II.
2. *Chroniq. de Froissart*, édit. Buchon, t. I, p. 132.

h.

gny, le 7 mai 1360. Quelques jours après, Edouard, suivi de ses principaux officiers, retourne à Chartres et passe pieusement sous la sainte châsse avec son fils, le célèbre *Prince noir*, et se retire après avoir laissé de nombreuses marques de sa munificence.

Le bon Jean, délivré de sa captivité, vint à Chartres pour remercier la Vierge et laissa le bourdon qu'il portait dans ce pèlerinage [1]. Charles V, dit le Sage, y vint plus tard pieds nus et laissa un magnifique camée qui servit jusqu'en 1793 d'ornement à la sainte châsse. Des pèlerins arrivent en foule comme au siècle précédent, des messes sont fondées aux principaux autels de Notre-Dame et de nombreux legs servent à l'embellissement de la basilique. Les fidèles s'agenouillent surtout devant la statue druidique dans la mystérieuse crypte, devant l'image de « Notre-Dame de la belle verrière » si célèbre par ses miracles [2], devant celle « de Notre - Dame blan-

1. Ce bourdon servit depuis de bâton cantoral dans l'église de Chartres. *Histoire de Notre-Dame de Chartres*, par un des rédacteurs de la *Voix de N.-D.*, p. 55.

2. 45ᵉ fenêtre de l'étage inférieur dans le latéral du chœur. M. l'abbé BULTEAU croit que cette image est la reproduction d'une Notre-Dame peinte par l'ordre du

che » placée contre une des colonnes du jubé 1 et passent sous la sainte châsse qui contient la précieuse *tunique*. Des princes et des grands y viennent à la suite des rois, le brave Duguesclin, le duc de Bourgogne, Léon VI de Lusignan, dernier roi d'Arménie, le comte de Valois et le duc de Berry qui offre une vierge d'or connue sous le nom de Notre-Dame bleue 2.

Le XIVe siècle se termine par un vilain crime de nuit, par un guet-apens tendu au brave Crillon. Le XVe s'ouvre par un lâche meurtre, par l'assassinat du duc d'Orléans. Le roi Charles VI convoque les grands et le peuple pour tenter une réconciliation. La cathédrale de Chartres devient témoin d'une laide scène où le meurtrier se joue des enfants de sa victime. Un voile de douleur couvre le beau royaume de France, les hommes

bienheureux Yves ou de son successeur Geoffroy de Lèves. Un autel élevé dès le XIIIe siècle devant cette vierge et connu sous le nom d'autel de la *Belle Verrière* ou de *N.-D. des Neiges*, « fut pourvu de nombreuses fondations. » S. ROUILLARD, *Parthénie*.

1. Cette image en albâtre fut placée l'an 1329 à la prière du roi Philippe de Valois.

2. Cette belle statue exposée seulement aux fêtes solennelles a disparu en 1793 avec Notre-Dame blanche.

s'isolent, se retranchent dans leurs maisons, tandis que les Armagnacs, les Bourguignons et les Anglais ravagent les contrées.

Au milieu de cette anarchie, Louis de Bourbon, comte de Vendôme, vient à Chartres pour accomplir un vœu qu'il avait fait à Notre-Dame en sortant de la prison où son frère, le comte de la Marche, le retenait depuis dix mois. La procession du chapitre du mercredi des Rogations, le 31 mai 1413, revenant de Saint-Martin-au-Val par Saint-Lubin, rencontre ce prince monté sur un coursier et suivi de nobles chevaliers et de ses écuyers. Louis de Vendôme met pied à terre, suit la procession jusqu'à la cathédrale et assiste au reste de la *férie*. Le lendemain, jour de l'Ascension, il se rend à l'issue des matines, *nu en chemise*, tenant un cierge à la main, devant la porte royale où le clergé vient le recevoir. Descendant ensuite dans la sainte grotte, il accomplit son vœu devant l'autel de la Vierge noire et fournit les sommes nécessaires pour l'érection de la chapelle qui porte son nom[1] et pour la fondation

---

1. Cette chapelle fut construite hors d'œuvre entre deux contreforts de la cinquième travée de la nef méridionale.

annuelle de cinq messes, le lendemain des cinq principales fêtes de la sainte Vierge[1].

Quelque temps après les Anglais, expulsés de la Beauce, regagnent leur royaume et Charles VII reconnaît l'éclatante renommée de Notre-Dame. Louis XI séjourne quelquefois à Chartres et aime à vénérer ses statues privilégiées, laissant presque à chaque pèlerinage des marques de sa munificence. Peu de temps avant la mort de ce monarque, sortent de la maison d'un docte chanoine, Pierre Plume, le premier *missel* et le premier *bréviaire* du diocèse imprimés par les presses ambulantes de Jean Dupré. Deux gros bourdons, *Marie* de 27,000 livres et *Gabrielle* de 20,000, ajoutent encore quelque éclat à la sonnerie déjà si célèbre de Notre-Dame.

Le XVIe siècle s'ouvre par un coup de foudre. Les flammes dévorent le clocher en bois et en plomb qui avait été élevé sur la tour de la façade septentrionale, fondent les six grosses cloches qu'il renfermait et menacent d'incendier la grande charpente de l'église connue sous le nom de *forêt*. « La pluie, dit une chronique, tomboit en si grande abondance qu'il sembloit qu'on la ver-

[1]. *Histoire de Chartres*, par DE LÉPINOIS, t. I, p. 66.

sât et jettât à seaux. » Le plomb même, dit gravement le docte Souchet, couloit par les rues avec l'eau et c'étoit chose pitoyable de voir une telle désolation. Chacun même crioit par grande douleur, compassion et pleurs à Dieu, miséricorde[1]. » Mais il se trouva des ouvriers assez habiles qui, bravant tout danger, coupèrent huit chevronnées de la charpente. L'espoir revint peu à peu, les prières redoublèrent et tous crurent que « moyennant la grâce de Dieu et de benoiste Vierge Marie le feu et la pluie cesseroient. »

« Le lendemain, vers midi, l'incendie s'étant éteint, il y eut un cri universel qu'il y avait eu protection sensible du ciel au milieu de ce désastre. Le premier août il y eut même une procession générale, l'évêque René d'Illiers portait la sainte châsse avec le doyen, marchant tous deux pieds nus et suivis des habitants de la ville, deux à deux, sans foule ni trouble, ainsi que l'avait prescrit l'ordonnance du 21 juillet[2]. La procession se rendit à Saint-Père en Vallée où l'évêque et les Chartrains remercièrent la *bonne Dame* de Chartres d'avoir préservé l'église et la ville d'une ruine totale.

1. Annuaire d'Eure-et-Loir, 1845, p. 392.
2. *Registre des échevins*, 1506.

« Au retour de la procession, l'évêque le premier donna 400 livres pour la reconstruction du clocher, le chapitre offrit à son tour une somme considérable. Le roi Louis XII, sur une requête qui lui fut présentée par M. de Mainterne, chancelier de l'église, permit de prendre 2.000 livres de rente sur ses tailles de Vendôme. René d'Illiers, pour exciter comme au XIIe siècle l'empressement des fidèles, institua des confréries de Notre-Dame dans toutes les paroisses de son vaste diocèse et publia de plus un mandement dans le synode de ses curés, le 22 octobre 1506. Le chapitre imita cet exemple. Le cardinal Georges d'Amboise, alors légat, accorda des indulgences à ceux qui concourraient, soit par leur travail, soit par leurs aumônes, à la restauration des cloches et du clocher de Notre-Dame[1]. »

Ce malheur toucha le peuple chartrain. Les fidèles, à la voix de leurs pasteurs, s'empressèrent d'offrir leurs aumônes. Chacun même se fit inscrire dans une pieuse confrérie et donna quelque chose pour gagner les indulgences accordées par le cardinal Georges d'Amboise.

Le mercredi, 11 novembre, « Maistre Wastin-

---

1. *Notice sur les cloches de Notre-Dame*, p. 9 et 10.

Desfeugeraiz, chanoine et l'un des maistres de l'eùvre de Notre-Dame passent marché avec Jehan de Beausse, dict Texier, maçon, demourant à Vendosme, qui promet de faire construire et édifier bien et deuement de son mestier de maçon le clocher qui estoit de bois couvert de plomb et iceluy faire et parfaire de pierre de la haulteur du clocher de pierre, ou aultre haulteur plus convenable, et le plus honorable et sumptueux que faire ce pourra[1]. » Thomas le Vasseur, « maçon fort expert » doit conduire les travaux avec Jehan de Beausse et « faire le clocher le tout selon le patron, bel et magnifique pourtraict en parchemin par iceluy de Beausse ce jourd'huy monstré et exhibé en la chambre des comptes ou mieulx si ce peut faire. » Jehan de Beausse et Thomas le Vasseur doivent recevoir par jour sept sous six deniers tournois et leurs serviteurs, quatre sous deux deniers. Les maîtres de l'œuvre s'engagent de plus « à fournir une chambre à chacun des maîtres-maçons pour loger à Chartres et un muid de blé et un tonneau de vin cha-

---

[1]. *L'Astrologue de la Beauce et du Perche*, 1865, p. 136. Nous devons la *biographie* de Jehan de Beausse à l'obligeance de M. Lecocq, déjà connu des amateurs par ses savantes publications.

que année qu'ils vacqueront à besongner au dit clocher. »

Les travaux sont immédiatement entrepris ; les pierres sont amenées des carrières de Berchères-Lévêque où le chapitre en faisait exploiter dès 1400. Charmé de l'habileté de Jehan de Beausse, les chanoines retiennent cet artiste et lui donnent le titre de *Maistre-Masson de l'œuvre de l'église.* » Sept ans après s'élève ce majestueux clocher qui excitera toujours l'admiration par son prodigieux élancement et par ses fines et délicates sculptures.

Tous les historiens de *Notre-Dame* ont cru que Jehan de Beausse était sculpteur et lui ont attribué beaucoup de statues. Mais il est certain qu'il n'était que maître-maçon et simple conducteur de travaux, car dans le marché qu'il passe avec maître Wastin-Desfeugerets, le 23 décembre 1517, il est dit : « ne sera tenu le dit de Beausse faire aucuns images, mais sera tenu faire les places à mettre les ditz images. » De plus, la statue du Sauveur qui orne l'un des côtés du clocher-neuf porte sur son socle cette inscription qui justifie notre assertion :

1513.
Jehan de Beauce macon qui
A faict ce clocher ma faict faire.

Le 19 décembre 1513, le chapitre délibère sur le projet de faire une clôture somptueuse au chœur de l'église cathédrale. Le chancelier Mainterne est chargé de rédiger et d'écrire les soixante-huit histoires tirées de la Bible qui doivent figurer au *Tour du chœur*. Jehan de Beausse fournit les plans décoratifs de la partie de cette clôture comprenant au nord et au sud les huit premières niches du chœur, et meurt le 28 décembre 1529 sans avoir eu la joie de voir l'achèvement de cette œuvre qui ne fut terminée qu'en 1727 [1].

Les historiens ne nous ont conservé que le nom de cet artiste modeste, issu peut-être d'une famille obscure, mais quelques traits de sa vie ont été découverts dans de vieux registres par un habile chartrain. Jehan de Beausse ne paraît à Chartres, pour la première fois, qu'en 1506 et se déclare habitant de Vendôme où nous le voyons prêter en 1508 la somme de vingt sous à Nicolas de Contremille, bonnetier, et donner procuration, en 1510, pour la vente d'une maison.

Loin de rechercher la gloire de construire le

[1]. *L'Astrologue de la Beauce et du Perche*, 1865, p. 149.

clocher, il veut que le chapitre lui adjoigne Thomas le Vasseur dont il vante l'habileté. Mais ses talents lui attirent de nombreux clients. Les Gagers de Saint-Aignan l'appellent, en 1513, pour ajouter une abside à leur église et ceux de Saint-André le chargent, en 1525, de la construction d'une chapelle dédiée à la Sainte-Vierge dont l'achèvement fut interrompu par un procès. Les édiles chartrains l'invitent même avec Josse Cornillot, *maistre fontainier* à Rouen, pour visiter les fontaines et pour trouver le moyen de faire parvenir de l'eau dans la haute ville.

Son salaire s'élève à 7 sous 6 deniers par jour, 3 sous de plus que ses compagnons, somme assez belle à cette époque où Jean Gailde, qui sculptait l'admirable jubé de Sainte-Madeleine à Troyes, ne gagnait que 6 sous 3 deniers « les grands jours [1] » et où Me Martin Cambiche, qui venait de Beauvais jeter les fondements de la tour de la cathédrale de Troyes, ne recevait que 40 sous par semaine [2]. Quoique chargé de nombreux travaux, Jehan de Beausse ne paraît pas avoir acquis de la

1. *Comptes de la fabrique de l'église Sainte-Madeleine de Troyes*, 1851, p. 35.
2. Archives de l'Aube. *Comptes de l'œuvre de l'église de Troyes.*

fortune. Il possède de modiques rentes de blé et un petit jardin qui appartenait au menuisier Leger Berrichon. Veuf dès 1522, il épouse Martine Daclainville, veuve de Jehan Fauveau qui a deux enfants mineurs et de bien faibles ressources. Inquiet sans doute de l'avenir, il donne aux chanoines de la chapelle Saint-Piat, en l'église de Chartres « une orgue à cinq jeuz et à plain clavier valant 48 livres tournois, à la condition que les chanoines feront dire, chanter et célébrer par eux et par leurs successeurs une messe haulte de *requiem* et quatre cierges de représentation, chaque année, après son décès[1]. » Qui le croirait? Ce modeste artiste se trouve compromis dans un procès par suite d'une imputation calomnieuse avec un des marguilliers-laïques de Notre-Dame. Refusant l'arbitrage du chevecier, il en appelle au Parlement. Mais son procès lui coûte tant qu'il place son fils *Gracian* chez un procureur, jugeant sans doute la profession d'avocat plus lucrative que celle de *maître-maçon*.

Après sa mort, sa veuve habite encore quelque temps la maison rue Muret, n° 8, « en laquelle soulloit demourer défunct Jehan de Beausse »

1. *L'Astrologue de la Beauce et du Perche*, p. 141.

et épouse en troisièmes noces le boulanger Guillaume Mirey. Le nom de cet habile architecte nous a été conservé par plusieurs inscriptions lapidaires ; beaucoup de savants croient même que la figure d'un des douze apôtres sculptés sur le clocher-neuf représente son effigie. Mais la postérité, plus reconnaissante, a voulu tirer son nom de l'oubli et le donner à la rue et à la place devant la Gare du chemin de fer. Plus heureux, Jehan le Masson de Chartres, qui fondit à Rouen le célèbre bourdon *Georges d'Amboise,* était inhumé au bas de la nef de l'église cathédrale de cette ville. Sur la pierre qui recouvrait sa dépouille mortelle fut gravée cette inscription :

> Cy-dessous gît Jehan le Machon
> De Chartres, homme de façon,
> Lequel fondit Georges d'Amboise
> Qui trente-six mil livres poise
> Mil cinq cent un, jour d'aout deuxième
> Puis mourut le vingt-huitième [1].

Comment Jehan de Beausse, d'obscure famille sans doute, parvient-il à acquérir cette science si profonde de l'architecture qui frappe d'admiration ceux qui contemplent sa merveilleuse flèche ? M. Lecocq croit qu'il fut un des successeurs de ces

---

1. *Histoire de la cathédrale de Rouen,* par DE LA POMMERAYE *Notice sur les cloches,* p. 11.

habiles artistes des rives du Rhin qui vinrent dans nos contrées et qui se transmettaient, sans aucune jalousie, leurs procédés géométriques et les secrets particuliers de leur métier. MM. Lassus et Darcel, en publiant l'*Album* de Villard de Honnecourt, nous ont révélé les longues études entreprises par les artistes du XIIIe siècle. Quoique sachant à peine lire et écrire, ces *massons*, ces *peyriers* parcouraient pédestrement la France et l'Allemagne afin d'y acquérir la science architectonique. Villard, dès le XIIIe siècle, en passant à Chartres admire la hardiesse et l'exécution de la rosace du portail occidental. Il s'empresse d'en retracer le fidèle dessin sur son album en vélin[1].
Ainsi se formaient ces artistes dont les noms sont restés presque tous inconnus, mais dont les œuvres étonnent les architectes mêmes du XIXe siècle.

Tandis que Jehan de Beausse exhaussait sa belle pyramide, la piété des souverains décorait l'église de plusieurs ornements. Anne de Bretagne, dans son pèlerinage, en 1510, donnait la cloche qui porta son nom, en échange d'un enfant de chœur, nommé Le Febvre, à la voix mélo-

---

1. *L'Astrologue de la Beauce et du Perche*, p. 132.

dieuse, qu'elle obtint du chapitre. Il paraît que Le Febvre, devenu clerc de la chapelle de la reine, donna plus tard au chapitre de Chartres une somme de 3,000 livres, à condition qu'on sonnerait cette cloche, depuis la Quasimodo jusqu'à la Trinité, une heure par jour, de six à sept heures du soir[1]. A la suite de cette cloche furent successivement placées dans le clocher neuf *Rénée*, surnommée *la Huguenote*, parce que la donatrice, Rénée de Ferrare, eut le malheur de favoriser Calvin, *Jean-Baptiste* dit *le Gros-Moineau* et *Catherine* dite *le Petit-Moineau*. Dans le clocher vieux « fut remontée la cloche *Marie* » refondue en 1520 et placée à côté de *Gabrielle* pour annoncer aux fidèles les fêtes solennelles et la joyeuse entrée des rois et des princes.

Le chapitre fait placer à cette époque sur une colonne élevée sous l'une des arcades du jubé une célèbre statue dont la première mention remonte à l'an 1497. Cette statue, désignée sous le nom de *Vierge noire* ou *Vierge du pilier*[2], attira un nombre prodigieux de pèlerins dès le XVIe

1. *Notice sur les cloches*, p. 13.
2. A cause de la couleur du bois dont elle est formée et du pilier auquel elle fut adossée après la destruction du jubé.

siècle. Le bon Rouillard, qui vint s'agenouiller devant cette sainte image, raconte qu'elle fut placée sous le jubé par l'ordre de Wastin-Desfeugerets « afin que, sans troubler le divin service du chœur, elle fust librement exposée à la vénération de tout le peuple. L'affluence y est si commune, ajoute-t-il, et la dévotion si grande que la coulomne de pierre qui soustient la dicte Image se void cavée des seuls baisers des personnes dévotes et catholiques 1. » Les magistrats de la ville y vinrent faire brûler le long cierge appelé *la chandelle du Tour*, *le Tour de cire*, *le Tour de ville*. Ce cierge consistait dans un cierge de cire jaune, d'une longueur considérable qui égalait, dit-on, l'enceinte muraillée de la ville et qui pe-

---

1. *Parthénie* 1re partie, p. 434. Après la destruction du jubé, cette statue fut adossée au pilier du transept qui lui faisait face jusqu'en juillet 1791 et reléguée jusqu'en 1806 dans un coin de la crypte où elle échappa à la fureur des révolutionnaires. Placée par M. l'abbé Maillard, curé de la cathédrale, dans l'endroit où les pèlerins la vénèrent actuellement, elle reçoit chaque jour les hommages des fidèles, surtout depuis son solennel couronnement au nom du Souverain Pontife, le 31 mai 1855, cérémonie splendide où Mgr l'évêque de Poitiers proclamait d'une voix si éloquente la puissance de Marie et la renommée de sa basilique privilégiée.

sait quelquefois plus de 200 livres. Chaque jour *l'attacheur de chandelles* coupait un morceau de ce cierge roulé sur un cylindre en bois, l'allumait sur le chandelier de la ville et recevait dès 1529 la somme de 20 sous pour son salaire 1.

1. *Manuel du pèlerin*, p. 116. *Notice sur Notre-Dame de la Brèche*, p. 21.

La dernière présentation du *Tour de ville* eu lieu le 14 mars 1789. Le premier cierge fut allumé par M. le duc de Doudeauville, récemment nommé gouverneur de Chartres, auquel M. le Maire céda cet honneur, suivant un antique usage.

1.

VI

VANDALISME.

« Sans doute, c'est encore aujourd'hui un majestueux et sublime édifice que Notre-Dame de Chartres. Mais si belle qu'elle se soit conservée en vieillissant, il est difficile de ne pas soupirer, de ne pas s'indigner devant les dégradations, les mutilations sans nombre que simultanément le temps et les hommes ont fait subir au vénérable monument. »

Victor Hugo.

Les rois de France accourent encore à Notre-Dame de Chartres, François Ier, son fils Henri II surtout, qui vient rendre grâce à la Vierge de ses succès avec une brillante escorte dans laquelle on remarque Catherine de Médicis, la princesse Marguerite de France, le jeune Dauphin et sa fiancée Marie Stuart d'Ecosse. Mais aux siècles de ferveur succède un âge de *libre examen*, de *penseurs* qui vont s'efforcer de saper les fondements de l'Eglise, comme si l'Eglise depuis quinze siècles n'avait point vu mourir à ses pieds toutes les hérésies et passer le cercueil de toutes les erreurs et de tous les schismes. Chartres s'est détaché du royaume et vient d'être érigé en duché en faveur de Renée de France, épouse du duc de Ferrare. Cette duchesse, reniant la foi de ses pères, se permet d'appeler des ministres protestants à Chartres et de tenir des *prêches* à l'évêché, dans ces salles où tant de voix éloquentes avaient retenti en faveur de Notre-Dame. La peste et la famine déciment même de temps en temps la population. Mais bientôt trop faible pour résister à tant d'ennemis, Chartres tremble à l'approche de Condé qui se présente devant ses murailles le 1er mars 1568, « bien résolu, dit Challine, de désoler, s'il s'en rendoit maître, l'église Nostre-Dame et de faire manger son cheval sur l'autel d'icelle [1]. »

La ville cependant trouva de braves défenseurs parmi lesquels il faut citer le chevalier Antoine de Linières et Jean de Bourdeilles, baron d'Ardelay, frère de l'abbé de Brantôme. L'ennemi presse vigoureusement les assiégés, la population tremblante élève ses regards vers le ciel, adresse ses supplications à celle qui a triomphé des Normands

---

1. CHALLINE, *Histoire de Chartres*, ms. de la bibliothèque de Chartres, pag. 170. Souchet ajoute que Condé avait même vendu à l'avance les plombs de la cathédrale et qu'il ne put les livrer : « d'autant que la Vierge glorieuse deffendit cette ville qu'elle reconguoit comme sienne. »

et de tant d'autres ennemis. La prière des Chartrains est exaucée, les Huguenots tout à coup suspendent les hostilités et se retirent précipitamment en laissant partout sur leur passage des traces de leur cruauté[1].

Les habitants de Chartres, pour perpétuer le souvenir de cette victoire, instituèrent la procession commémorative de *Notre-Dame de la Brèche* qui fut célébrée pour la première fois, le mardi 15 mars 1569 et avant laquelle le maire chaque année, depuis cette époque, présentait le *tour de ville*, pour reconnaître la puissante protection de Notre-Dame[2].

Henri III se rendit plusieurs fois à Chartres, visita la sainte grotte et laissa de nombreuses marques de sa munificence. Henri IV, qui lui succéda, s'empara de la ville, mais trois ans après, abjurant ses erreurs, il vint recevoir l'onction

1. Dans l'église des Filles-Dieu furent trouvés les corps à demi-brulés de plusieurs ecclésiastiques tombés entre les mains de ces farouches ennemis. *Notice historique sur Notre-Dame de la Brèche*, par M{er} Pie, p. 11.

2. Id. pag. 21. Détruite en 1791, Notre-Dame de la Brèche s'est relevée de ses ruines et le pèlerinage du 15 mars compte encore aujourd'hui au nombre des fêtes chômées par la piété des Chartrains.

royale dans la cathédrale, des mains de l'évêque Nicolas de Thou, le 27 février 1594.

Louis XIII, qui voulait placer son royaume sous la protection de Notre-Dame, y vint avec Marie de Médicis et obtint un fils dont le nom sera toujours admiré de la postérité. A leur suite paraissent saint François de Sales, saint Vincent de Paul, le vénérable Olier, fondateur de Saint-Sulpice, le père Eudes, qui fonda le séminaire de Saint-Nicolas-du-Chardonnet et le célèbre cardinal Pierre de Bérulle auquel nos ancêtres durent l'Oratoire.

Louis XIV, se rappelant la puissante protection que sa pieuse mère avait obtenue, vint aussi souvent à Chartres, mais Louis XV oublia ce sanctuaire privilégié, quoiqu'il séjournât souvent à Crécy-Couvé. Il eut, dit-on, la fantaisie de voir l'extrémité des clochers de la majestueuse basilique, car il fit écrire à Mgr de Fleury « que le chapitre eut à illuminer les deux flèches dans la nuit du 6 au 7 juin 1754. Les chanoines cédant à son désir firent tirer sur l'échafaud du clocher-vieux vingt-quatre fusées dont vingt-deux furent vues du monarque! » Mais hélas! la monarchie allait

---

1. PINTARD, *Histoire de Chartres*, ms. de la bibliothèque de Chartres. *Manuel du pèlerin*, p. 172.

bientôt disparaître dans l'ouragan qui devait tout dévaster. Depuis longtemps les belles traditions du moyen-âge étaient complètement altérées, le *bon goût* donnait aux églises catholiques la forme des temples helléniques et mutilait les admirables monuments de nos aïeux.

Tandis que des sculpteurs travaillaient encore à la clôture du chœur[1], « le lundi 16 mai 1661, après midi, les portes de Notre-Dame sont fermées, le service divin est interrompu, deux nuits et deux jours sont employés à démolir les autels attachés aux piliers et rappelant la ferveur de ceux qui les avaient fait élever. Quelques uns veulent même abattre le magnifique jubé du XIII° siècle, mais des voix plus nombreuses se font entendre et sauvent ce précieux monument d'une totale destruction[2]. »

L'avocat Raoul Boutrais raconte dans sa petite

1. Les principaux sculpteurs qui ont travaillé à cette clôture sont : Jean Solas, sculpteur de Paris en 1519, François Marchant, sculpteur d'Orléans en 1542, Nicolas Guybert, de Chartres, en 1543, Thomas Boudin, sculpteur de Paris en 1611, Jean de Dieu, sculpteur de Paris en 1681, Pierre Legros, en 1683, Tuby le jeune, en 1703 et Simon Mazières, en 1716. *Pièces justificatives.*

2. CHALLINE, *Histoire de Chartres.*

histoire latine de Chartres [1] qu'au commencement du XVIIᵉ siècle, des bouffons montaient sur le sommet des flèches et exécutaient des tours en se jouant de leur vie avec une intrépidité qui glaçait d'effroi les spectateurs. Mais il y en eut dont la tête tourna, dont les pieds chancelèrent. Leur misérable sort éveilla l'attention de l'autorité qui se réserva sagement le droit de permettre de monter à la croix qui termine les flèches aériennes.

Quelque temps après la destruction des autels, la cathédrale de Chartres faillit être consumée par l'imprudence du guetteur Jeandrin, le 15 novembre 1674. La grande charpente fut épargnée, grâce au courage du couvreur Claude Gauthier, dit *Lachaume* [2] et une inscription fut gravée dans la chambre des guetteurs pour exciter dans la suite leur vigilance. Mais le bon Foucault, plus profond, mit au-dessus de la première porte de leur chambre cette pensée du Psalmiste :

> Nisi Dominvs cvstodierit
> Civitatem, frvstra vigilat
> Qvi cvstodit eam!

[1]. *Urbis gentisque Carnutum historia*, 1621, opuscule de 83 pages, dédié au garde-des-sceaux Etienne d'Aligre.

[2]. *Notes sur la Cathédrale de Chartres*, par M. Benoit, *Annuaire d'Eure-et-Loir*, 1815, p. 399.

Plusieurs années après le chapitre arrête le projet d'établir des réservoirs sur les plates-formes des tours et dans les deux clochers. Mais un furieux ouragan nécessite de nouvelles réparations exécutées par le sculpteur lyonnais, Claude Augé, et ne permet point au chapitre de poursuivre son projet.

Le lundi 8 août 1757, Monsieur le Chevecier déclare « qu'une personne désire faire enlever les vitraux peints du ceintre des douze formes de chaque côté du chœur au-dessus des stalles pour les faire mettre en verre blanc de la même épaisseur, afin d'éclairer le chœur[1]. » Les vénérables chanoines approuvent cette dégradation dans leur séance capitulaire et vont bientôt procéder à la mutilation de la majestueuse basilique. Que le jubé soit une œuvre remarquable par ses statues et par ses sculptures délicates, l'admirable barrière entre le Saint des Saints et les fidèles, peu importe; sa destruction est froidement décidée par les chanoines, suivant l'avis de Louis, architecte

1. *Registres capitulaires de Notre-Dame*, Bibliothèque de Chartres. Dès 1708 l'archidiacre de Vendôme se plaignait des dégats causés « aux vitrés et aux figures des portiques par les enfants qui se permettaient de lancer des pierres. »

du duc d'Orléans. Pour éviter les entraves de quelques amis de l'art gothique et des pèlerins qui viennent y vénérer une madone célèbre, l'entrepreneur Morin se charge d'exécuter cette œuvre si honteuse en dix heures, au milieu même des ténèbres. Le 25 avril 1763, à 10 heures du soir, lorsque tout repose, que le calme le plus absolu règne dans la paisible cité de Chartres, Morin fait disparaître avec de nombreux ouvriers cet admirable jubé [1]. Une fois l'œuvre terminée, le vandalisme envahit le chœur et brise sans respect la merveilleuse harmonie de l'art gothique. L'évêque de Fleury appelle les milanais Borani qui jaunissent l'église d'un ocre blafard et lui ôtent cette teinte sombre et vénérable que les siècles lui avaient donnée. Pour fasciner les yeux, le chapitre charge Antoine Bridan, sculpteur du roi, d'exécuter un groupe, en guise de rétable, derrière l'autel de marbre qui doit remplacer le vieil autel gothique splendidement encombré de châsses et de reli-

---

1. Bouvet-Jourdan, qui naquit en 1745, déclare naïvement « que le jubé était un morceau indigne de la basilique, » et cependant avoue « que ne l'ayant pu faire beau, on l'avait du moins fait riche. » Challine, plus habile, reconnaissait au XVII° siècle que « ses sculptures étaient fort belles. »

quaires. Bridan se rend à Carrare et taille des blocs de marbre, puissamment aidé par le sculpteur Vatale Finelli. Le jour de Pâques de l'année 1773, les chanoines contemplent le groupe de l'*Assomption*, et se hâtent, dans leur enthousiasme, d'accorder au sculpteur du roi une pension viagère de mille francs, reversible sur sa femme [1]. Jamais cependant contre-sens plus détestable n'avait été commis dans une église que le jour où ce groupe fut placé derrière l'autel principal, et lorsqu'on pense que des verrières furent jetées à bas pour que la lumière vînt éclairer l'œuvre de Bridan, jamais spectacle ne pourra navrer plus l'âme qui veut le catholicisme dans sa sublime et antique intégrité.

Deux massifs en pierre de Tonnerre remplacent le monumental jubé du XIII° siècle. Les statues sont dues au ciseau de Berruer qui reçut une assez belle somme pour son œuvre vraiment payenne et pour laquelle furent défoncées de magnifiques verrières données par saint Louis et par saint Ferdinand de Castille. Sous la direction du chanoine d'Archambault et d'après les dessins de

1. M. Doublet de Boisthibault, *Revue de l'architecture.*

Louis, architecte du duc d'Orléans, la noble simplicité des piliers, des colonnes, des arcades et des chapiteaux disparaît sous un gâchis de dorure, de stucage et de marbrerie qui transforment le chœur en véritable salon du XVIIIe siècle[1]. Bridan remplace les admirables tapisseries qui étaient tendues au chœur les fêtes solennelles, par huit tableaux de marbre blanc sculptés en relief et mutile les quatre chapelles de la clôture du chœur. L'antique dallage foulé par Saint Louis et par tant d'illustres pèlerins est enlevé pour faire place à des carrés de marbre disposés en échiquier. De remarquables verrières sont encore défoncées en si grand nombre pour éclairer cette déplorable transformation que M. Lemièro se plaint en 1786 « du trop grand jour qui provient d'une croisée de l'église en verres blancs et demande gravement s'il ne conviendrait pas d'y mettre un rideau[2]. » Messieurs les chanoines accueillent cette proposition et prient Messieurs de l'œuvre de faire mettre le rideau. Mais la révolution vient bientôt surprendre ces doctes chanoi-

1. *Description de la cathédrale de Chartres*, par M. l'abbé BULTEAU, p. 158.
2. *Notes sur la cathédrale de Chartres*, par M. BENOIT, — Annuaire d'Eure-et-Loir, 1845, pag. 414.

nes assis tranquillement dans leurs stalles nouvelles, sculptées par le menuisier Lemarchant; elle leur apporte le dernier mot de ce paganisme ressuscité, en envoyant les prêtres à l'échafaud et en transformant les églises en temples de la Raison[1]. Le 23 octobre 1790, les chanoines reçoivent l'ordre de cesser leurs fonctions et de ne plus porter l'aumusse. L'évêque, Mgr de Lubersac, dès le 13 février 1791, est déclaré déchu de son siège et remplacé par Nicolas Bonnet, curé de la paroisse Saint-Michel de Chartres. Des églises sont pillées ou détruites et de leurs débris s'élèvent dans la majestueuse basilique de mesquines chapelles pour l'érection desquelles de belles verrières sont défoncées. L'antique grotte, où tant de pèlerins sont venus s'agenouiller depuis Fulbert, voit disparaître sa miraculeuse statue que l'évêque Bonnet fait placer dans l'église supérieure sur la colonne qui servait de support à la Vierge noire du Pilier. Les portes de cet auguste sanctuaire sont bientôt fermées et parmi les débris des chapelles on relègue la Vierge du Pilier, en attendant que des tonneliers et des marchands de vin transforment en magasin ce lieu si vénérable.

1. De Montalembert, *du Vandalisme, et du Catholicisme dans l'Art*, p. 191.

Enfin la Terreur, envahissant le saint temple, enlève les vases sacrés, brûle les vêtements sacerdotaux et la vierge *druidique*, s'empare du trésor, peut-être le plus riche de France, brise les châsses précieuses pour en arracher les pierreries et le riche métal[1], disperse les reliques des saints

[1]. L'église de Chartres possédait avant 1793 la sainte châsse contenant la précieuse tunique de la Sainte Vierge, magnifique reliquaire du X° siècle, ciselé avec les métaux et les bois les plus précieux et dont les joyaux furent vendus en 1562 pour subvenir aux besoins du royaume. Outre cette châsse sous laquelle passaient les pèlerins depuis le XI° siècle, on montrait encore celles de saint Piat, de saint Lubin, de saint Calais, de saint Bethaire et de saint Solein, évêques de Chartres, le chef de sainte Anne, mère de la sainte Vierge, que le comte Louis avait envoyé de Constantinople en 1204, le chef de saint Mathieu que Gervais, sire de Châteauneuf, avait également apporté de Constantinople en 1205, une statue de Notre-Dame, d'or massif, émaillée de bleu « et pour cela appelée *Notre-Dame bleue* » et enrichie de perles, donnée par Jean, duc de Berry en 1404, un reliquaire d'une grande richesse, contenant de précieuses reliques, donné par le même duc, une statue de Notre-Dame en argent et « pour cela appelée *Notre-Dame blanche*, » aux pieds de laquelle était une petite fiole de cristal enchâssée, dans laquelle était contenu le lait miraculeux de la Sainte Vierge avec lequel fut humectée la langue du bienheureux Fulbert, le chef de saint Théodore donné par l'évêque Geoffroi de Lèves en 1120, les châsses de Saint Piat, martyr, de Saint Calétric,

et ne laisse dans les deux clochers que le *timbre* pour servir au tocsin et la petite cloche nommée Piat. Le 15 novembre 1793, Notre-Dame est bannie de sa basilique privilégiée qui devient le temple de la Raison. Le 29 du même mois, pour inaugurer dignement ce nouveau temple, des insensés ne craignent point de jouer un horrible drame terminé par des danses grotesques sur les dalles où tant de fidèles avaient prié. Les statues colossales des douze apôtres, dont les piliers de la nef étaient décorés, sont brisées par ces iconoclastes. On dit même que le groupe de l'Assomption ne fut épargné que parce que la tête de la Vierge fut coiffée du bonnet rouge. Une souscription de 100 francs, déposée à la caisse du bureau de bienfaisance, obtint le droit de briser l'admirable statuaire des portiques, et s'il en faut croire M. de Lépinois, le vénérable monument lui-même n'aurait été sauvé d'une totale destruction que parce que ces farouches Vandales craignirent d'ensevelir

évêque de Chartres, de saint Taurin, évêque d'Evreux, et un nombre considérable d'autres reliquaires, de riches ornements et de remarquables vases sacrés. *Histoire de l'auguste et vénérable église de Chartres*, par VINCENT SABLON, 1865, p. 83.

la ville sous les décombres[1]. Sa toiture de plomb fut enlevée pour fabriquer des sous et des canons, de sorte que ses voûtes et sa charpente restèrent plus de deux ans exposées aux injures du temps.

Quelques années après cette funeste époque, Notre-Dame reprit son ancienne destination et vit accourir de nombreux fidèles qui déplorèrent tant de ruines et de tels sacrilèges. Napoléon Ier, vainqueur de presque toute l'Europe, y vint à son tour et proféra ces belles paroles à la vue de la magnificence de son architecture : *qu'un athée doit être ici mal à l'aise*[2] *!* En effet les révolutionnaires de 93 ne voulurent renverser cette admirable basilique que parceque la religion qui l'avait élevée condamnait leurs turpitudes. A la suite de ce grand héros des temps modernes vinrent des rois, des princes et des princesses pour vénérer la Vierge du Pilier que son abandon dans un coin de la crypte avait sauvée de la fureur des iconoclastes. Mgr de Lubersac, en revenant de l'exil, voulut revoir cette belle cathédrale dans laquelle s'étaient accomplies

---

1. *Histoire de Chartres*, t. II, p. 513. Il est juste de dire que le conventionnel Sergent s'opposa de toutes ses forces à ce projet insensé.

2. *Manuel du Pèlerin*, p. 173.

d'imposantes cérémonies et que l'impiété n'avait pas craint de dévaster. Son premier soin fut de recueillir les restes épars de la sainte Tunique et de les déposer dans un coffret de vermeil[1].

Le 23 mai 1825, la foudre tombe pour la sixième fois sur le clocher neuf. La ville, sans doute effrayée des dégats que pourrait causer l'incendie de son plus bel édifice, place Notre-Dame sous la sauvegarde des paratonnerres et fait de généreux, mais inutiles efforts pour obtenir « l'établissement de deux réservoirs d'eau sur deux des plates-formes des quatre tours carrées dont sont flanqués les portiques du nord et du midi. » Quelques années après le choléra décime la capitale et menace la ville de Chartres. Cent soixante victimes succombent bientôt à cette cruelle maladie et leur trépas jette la consternation dans toutes

---

1. La Révolution n'osa point porter une main sacrilège sur le voile de Marie, car des témoins nous ont raconté que deux ecclésiastiques furent requis pour le retirer de leurs mains vénérables de son précieux coffre. Des fragments de ce voile furent envoyés à M. Barthélemy, célèbre orientaliste, qui leur assigna, après un sérieux examen, près de deux mille ans d'existence et déclara qu'ils devaient provenir d'un voile semblable à ceux dont les femmes se servaient autrefois en Orient.

VANDALISME.

les familles. Mgr de Montals, « qui s'honorait surtout d'être le chapelain de l'auguste Vierge dans son sanctuaire le plus renommé, » ordonne une procession générale dans laquelle serait portée la sainte châsse. Deux hommes seuls osent lancer l'insulte contre cette cérémonie qui doit désarmer le ciel. Mais leur mort apprend aux Chartrains que Dieu châtie quelquefois ici-bas l'impiété. Le fléau cesse tout-à-coup, les prières ont été exaucées et une grande médaille, de temps en temps exposée devant la Vierge du Pilier, sert à perpétuer le souvenir de cette délivrance miraculeuse[1].

1. *Manuel du pèlerin* pag. 94.

VII

INCENDIE DE 1836.

« Le tambour bat la générale....., l'airain sonne l'alarme. Une terreur poignante s'empare des esprits, les larmes coulent des yeux, des cris se font entendre : *le feu est à la cathédrale !* »

LEJEUNE, *Les Sinistres de Notre-Dame de Chartres*, pag. 200.

Le 4 juin 1836, des plombiers réparent des avaries causées par la violence du vent à la toiture de la cathédrale. De leur cagnard rempli de charbons ardents s'échappent quelques étincelles qui tombent sur une couche de poussier combustible. La vieille charpente desséchée prend insensiblement feu, sans que les ouvriers puissent s'en apercevoir. Vers les quatre heures du soir un manœuvre pénètre dans la charpente, distingue un point lumineux et découvre le commencement d'un incendie. Saisi tout-à-coup de la plus vive émotion, le manœuvre vole à la galerie et pousse un cri : *le feu ! le feu !...* Le plombier, croyant que les flammes dévorent quelque mai-

INCENDIE DE 1836.

son, jette un regard dans le lointain et n'aperçoit aucune lueur. Alors le manœuvre lui apprend par un nouveau cri que le feu dévore la charpente.... Le plombier descend promptement et court chez le sonneur André, tandis que le jeune enfant resté seul sur la galerie tremble et tombe sans connaissance. André paraît, se porte rapidement au comble; le plombier, suivi d'un maçon, gravit l'escalier pour arrêter les progrès de l'incendie. Mais les secours deviennent inutiles, le feu s'élève à plus de vingt pieds au-dessus de leurs têtes. Vers six heures du soir, le tambour bat la générale, l'airain sonne l'alarme et dans toute la ville retentit ce cri qui répand l'effroi : *le feu est à la cathédrale !*

A ce cri, M. le Préfet se rend à la galerie, suivi du plombier Favret, du sapeur-pompier Brazon et de quelques hommes intrépides. Arrivés à la galerie, ils voient l'incendie qui leur semble terrible, menaçant. Pour arrêter ses progrès, il faudrait se porter au faîte de la toiture pour la couper à quelque distance du point où la fumée surgit. Quel homme osera tenter cette audacieuse entreprise? Deux hommes se présentent avec un sang-froid vraiment admirable, Favret et Brazon !

Ces deux braves se jettent dans les bras l'un de l'autre, se serrent étroitement et s'embrassent. « Allons, Brazon, s'écrie Favret, c'est ici à la vie et à la mort. Ne nous abandonnons pas. Ta parole, si tu me vois fléchir et gagner par le feu, que d'un coup de main tu me précipiteras sur le pavé. Plutôt mourir ainsi que de tomber dans le brasier.

« Compte sur moi, Favret, répond Brazon[1].

Alors muni de sa corde à nœuds qu'il porte en écharpe, Favret franchit rapidement une ligne de quinze mètres, atteint le faîte et marche sur la crête perfide du volcan qui s'improvise sous ses pieds, dans les flancs de la couverture. A cette scène inattendue l'effroi s'empare des spectateurs, les regards se portent avec inquiétude sur le généreux plombier qu'une éruption spontanée peut engloutir. L'intrépide Favret s'arrête, se prépare à lancer sa corde sur le sommet du comble, lorsque le feu, se répandant dans toute la longueur du toit, le force à changer de position. Tout-à-

---

[1]. *Les Sinistres de Notre-Dame* par M. LEJEUNE. Annuaire d'Eure et Loir, 1839, p. 293. ; opuscule écrit par un véritable témoin oculaire de ce terrible incendie.

coup un cri part de la galerie, l'avertit du danger ; Favret l'entend, saisit sa corde et tombe dans les bras de Brazon qui se tenait en sentinelle pour épier ses mouvements. Deux minutes après le brave Favret eût paru devant Dieu !

Cependant le lieutenant Petey, suivi de l'architecte Damars et de Brazon, pénètre dans la forêt. Là, le danger paraît si terrible, si menaçant que la voix de M. Damars se fait entendre : *Retirons-nous, Messieurs, ou nous sommes perdus !* Le feu redouble, le plomb ruisselle sur la galerie. Deux hommes déclarent à M. le Préfet qu'il faut abandonner la galerie pour éviter une mort inutile. M. Delessert, se sentant poussé par un mouvement un peu brusque, porte la main sur la garde de son épée et adresse à ceux qui l'entourent ces paroles remarquables :

« Messieurs, j'étais ici le premier, c'était mon devoir. Je ne dois en sortir que le dernier, c'est encore mon devoir. Passez tous devant moi, je fermerai la marche. »

La galerie est à peine déserte que l'incendie se développe avec une incroyable célérité. Le comble dépouillé n'offre bientôt plus que l'aspect d'une carène embrasée dont les parties se détachent successivement, se plient les unes sur les autres et tombent sur la voûte. L'aiguille de l'abside résiste seule quelque temps. Le bon ange Gabriel, qui couronne son sommet voit crouler les derniers arcs-boutants de son piédestal, chancelle à son tour, salue les deux pyramides destinées à lui survivre et tombe dans la fournaise qui le dévore.

Pendant cette effroyable crise, les rues de Chartres prennent un aspect de tristesse qu'on ne leur avait jamais vu. Les larmes coulent des yeux, on se lamente, on déplore même la ruine totale du majestueux édifice. Les habitants des maisons situées au pied de l'église se hâtent d'enlever leurs effets les plus précieux. Les malades sont transportés de l'Hospice, dans les salles de la Préfecture où Mme Delessert, digne émule des sœurs de Saint-Vincent-de-Paul, leur prodigue les soins les plus empressés avec une constante sérénité que ne peuvent un instant trahir les angoisses de la tendresse conjugale[1] Des pompes sont placées en divers endroits pour protéger surtout la basse ville. Les toitures des maisons voisines du désas-

1. *Les Sinistres de Notre-Dame*, p. 207.

tre se garnissent de couvertures mouillées et continuellement arrosées. Des pompiers armés de haches et munis de seaux épient sur les toits les charbons que le vent jette de tous côtés.

Bientôt arrive le maire de Saint-Prest, suivi des habitants de sa commune et chargé de garantir l'intérieur de l'église et de veiller à sa conservation. Il entre dans la basilique : un jet de fumée sort du sommet de l'orgue, une chaîne se forme rapidement, occupe l'escalier et parvient à éteindre le feu. A l'extérieur, M. le Préfet vole au secours des basses-ailes et redouble de courage et d'énergie. Les magnifiques vitraux sont préservés, les flammes ne peuvent les atteindre. Cependant les saintes châsses, les reliques, les vases sacrés, la Vierge noire elle-même sont emportés. Les places publiques s'encombrent de meubles déposés par les habitants des maisons voisines. Des populations arrivent à la lueur des flammes, offrant leurs secours et livrant leurs bras et leurs pompes à la disposition de M. le Préfet.

Vers huit heures, une épaisse fumée sort du clocher-neuf. L'effroi se répand, la consternation augmente, des cris plaintifs retentissent, la flamme brille dans la charpente de la sonnerie. Tout-à-coup cette tour pyramidale se métamorphose en un phare étincelant de la plus vive lumière, dessine la merveilleuse élégance de ses formes et présente l'étonnant spectacle d'une belle horreur qui glace la ville d'épouvante [1]. Alors ce sont des jets de flammes et d'étincelles pétillantes qui s'échappent de chaque pierre, formant un admirable réseau de feux de diverses couleurs et dévoilant à l'œil nu toutes les fines et délicates ciselures des artistes du XVIe siècle. Au triste aspect de cet obélisque de feu si tragiquement improvisé, dont le sommet semble se perdre dans les nues et dont l'écroulement subit doit entraîner une affreuse calamité, une cruelle anxiété règne dans la ville, des cris se font entendre, les larmes coulent des yeux plus amères et plus abondantes, les sanglots éclatent de tous côtés. De longues heures s'écoulent, les flammes dévorent la charpente, les cloches tombent sur les voûtes brûlantes. Minuit sonne. Le son du beffroi console les Chartrains, leur rend le courage, la belle pyramide a bravé la fureur des flammes. Le feu se calme, perd insensiblement son intensité jusqu'à

1. *Les Sinistres de Notre-Dame*, pag. 302.

ce que quelques feux mourants ne couronnent plus que le sommet de l'édifice.

Mais une heure ne s'est pas encore écoulée qu'une épaisse fumée s'échappe du clocher vieux, suivie d'une épouvantable explosion produite par l'affaissement de la grande charpente. En un instant, la base de cet énorme cône ne présente plus que l'aspect d'un cratère qui vomit des colonnes de feu s'élançant à plus de huit mètres de la tour. Au vif éclat de cette brillante pyramide l'obscurité de la nuit se dissipe, la ville se trouve spontanément illuminée pendant plus d'un quart d'heure. Les habitants de la basse-ville, à cette vue, sont plongés dans la plus profonde consternation. Ce clocher, dans sa chûte, doit peut-être renverser leurs paisibles demeures! Les Chartrains, qui s'étaient livrés au repos, se réveillent, désertent leurs maisons et accourent vers le cloître, attendant avec anxiété les résultats de l'incendie. Le feu cependant se faisant jour à travers mille ouvertures, se ralentit peu à peu, le vieux clocher reste immobile sur sa base, malgré les nombreuses détonations qui s'échappent de son intérieur.

Le soleil vient enfin éclairer ce lugubre spectacle. M. le Préfet s'empresse d'exprimer sa gratitude personnelle à tous les travailleurs et d'explorer les désastres. Le 7 juin, M. Sauzet, garde des sceaux, arrive à Chartres, accompagné de M. Schmit, chef de division du culte catholique et de trois architectes. L'élévation des nobles sentiments dont ils sont pénétrés à la vue de l'horrible dégradation de la plus belle cathédrale de France, peut se peindre par ces mots échappés de la bouche du ministre au moment où, posant le pied sur la plate-forme du mur qui divise la nef et le chœur, ses yeux se portent sur les deux majestueuses pyramides torréfiées, sillonnées de plaies encore saignantes et presque miraculeusement arrachées aux flammes qui les avaient menacées avec tant de fureur. M. Sauzet, vivement ému, se retourne vers ceux qui l'entourent et leur dit : « Je « vous en prie, Messieurs, ne me dérangez pas, « je suis dans l'extase de la plus grande admi- « ration[1].

Le roi voulut honorer plusieurs personnes de médailles commémoratives en argent dont la distribution fut faite par M. le Maire, le 11 novem-

1. *Les Sinistres*, p. 310.

bre 1836, dans une séance solennelle du conseil municipal. La ville de Chartres reconnaissante vota, en l'honneur de M. Delessert, une médaille qui lui fut présentée quelques jours après.

Dès le 11 juin, M. Sauzet proposait à la Chambre des députés un projet de loi qui ouvrait sur l'exercice de l'année un crédit de 400,000 francs pour être affecté à la réparation de la cathédrale. Ce projet, grâce au zèle de M. Adelphe Chasles, député et maire de Chartres, fut successivement adopté par les deux Chambres et sanctionné par le roi[1]. Tandis que les Députés délibéraient, Mgr Clausel de Montals s'empressait de faire une généreuse offrande et de publier un mandement qu'il adressait non-seulement au clergé et aux fidèles de son diocèse, mais encore « à toutes les « âmes sensibles aux intérêts de la religion[2] » Le chapitre de son côté fit un don considérable, la fabrique s'imposa les plus grands sacrifices. L'année suivante Mgr Clausel fit couvrir les voûtes d'une chape de plomb laminé qui les protégea

---

1. Le crédit de 400.000 francs alloué par la loi du 8 juillet 1836 fut successivement porté à 1.150.000 francs par les lois des 18 juillet 1837 et 10 août 1839.
2. *Mandement* du 24 juin 1836.

contre les pluies abondantes jusqu'à ce qu'enfin le gouvernement fit élever cette admirable charpente en fer et en fonte, qui fut couverte en cuivre, et dépensât plus d'un million pour la restauration de l'édifice[1].

Cependant les belles pyramides « d'où s'échappait jadis un doux bruit, une sublime harmonie[2] » restaient muettes. Monseigneur fit un nouvel appel à la générosité de ses diocésains qui offrirent leurs aumônes avec empressement. Messieurs Cavillier fondirent, au mois d'août 1840, quatre cloches que des enfants attelés à un chariot conduisirent à la cathédrale. La cérémonie de la bénédiction se fit le 9 septembre avec une

1. La totalité des travaux nécessités par l'incendie s'éleva à la somme de 1.185.028 francs 02 centimes. Une inscription placée sous les grands combles, au-dessus de la porte royale, est destinée à conserver à la postérité les noms des personnes qui ont contribué à la restauration de la cathédrale. Ces noms sont ceux de MM. Accary-Baron, architecte, Mignon, constructeur de la charpente en fer et en fonte, Emile Martin, fondeur à Fourchambault, Quénéhen, constructeur de la couverture en cuivre et Piébourg, constructeur de la maçonnerie. *Notes sur la cathédrale*, par M. BENOIT, pag. 402. Un bas-relief au banc-d'œuvre de l'église constate également l'incendie de 1836 et la protection de la Reine des cieux.

2. CHALLINE, *Histoire de Chartres.*

imposante solennité. Mais ce ne sont plus ces cloches qui rappelaient au bon Rouillard *le son des trompettes qui doit un jour réveiller les morts endormis dans le tombeau*[1], s'il faut en croire toutefois le naïf avocat du parlement de Melun dont les récits sont parsemés d'hyperboles.

Le 31 mai 1855, la Vierge noire du Pilier fut solennellement *couronnée* par Mgr l'évêque de Chartres, en présence de plusieurs prélats, parmi lesquels on distinguait Mgr l'évêque de Poitiers qui rappela de son éloquente voix le double motif pour lequel tant de pèlerins avaient toujours accouru à Chartres. Ce couronnement eut lieu au nom du Souverain-Pontife, à la suite du voyage que fit à Rome Mgr Regnault pour assister à la proclamation du dogme de l'Immaculée-Conception de celle qu'on invoque dans plusieurs contrées sous le nom de *Notre-Dame de Chartres*[2]. Le 8 sep-

1. *Parthénie*, pag. 150. Les cloches, fondues en 1840, sont : *Marie*, du poids de 12.200 livres; *Anne*, 8.700; *Gabrielle*, 6.200 et *Joseph* 4.800.

2. Les prélats présents à cette belle cérémonie furent Monseigneur l'archevêque de Bordeaux, les évêques de Beauvais, de Blois, de Meaux, de Poitiers, de Chartres et Monseigneur de Montals qui, malgré sa cécité, voulut rendre hommage à celle qu'il avait tant honorée durant son épiscopat.

tembre 1857, la crypte, rendue depuis quelque temps au culte, voyait la statue de l'auguste Mère de Dieu placée au-dessus d'un autel, sur un socle richement sculpté, au milieu des guirlandes et des gerbes de lumière et toute la terre de Beauce consacrée à la *Vierge aux Miracles* par la voix éloquente du R. P. Lavigne[1]. Enfin le 17 octobre 1860, le jour même de la consécration de la majestueuse basilique, six cents ans auparavant, en présence de saint Louis et de sa royale famille, les autels de la crypte furent solennellement rendus au culte. Des milliers de pèlerins y vinrent à la lueur des flambeaux vénérer la nouvelle statue de Marie « que les souvenirs des âges écoulés et des anciens prodiges opérés doivent investir et pénétrer » suivant la belle expression de Mgr l'évêque de Poitiers[2]. Ainsi furent réparés les sacrilèges de ces forcenés qui voulaient tout anéantir au nom d'une liberté qui devait pourtant se montrer tolérante !

✝

---

1. *Histoire de Notre-Dame de Chartres*, par un des rédacteurs de la *Voix de N.-D.*, p. 119.
2. *Id.*, p. 147.

FRAGMENTS
DE
L'HISTOIRE DE NOTRE-DAME
DE CHARTRES.

« C'est une pierre que nous apportons au grand édifice de l'histoire générale ; rôle secondaire, sans doute, qui suppose plus de patience que d'imagination, mais dont le mérite se révèle toujours à ceux qui le cherchent et qui veulent en tirer profit. »

DE LÉPINOIS, *Histoire de Chartres*, t. Ier, p. IV.

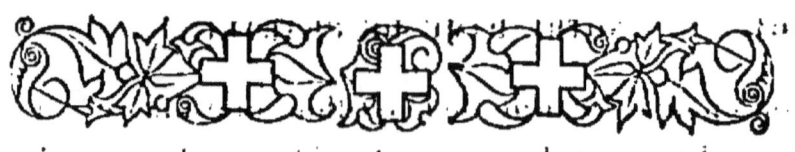

LA PAIX FOURRÉE

OU

JEAN-SANS-PEUR A NOTRE-DAME DE CHARTRES.

— 9 mars 1409. —

« Et avoit un très-bon fol qu'on disoit estre *fol-sage* lequel tantost alla acheter une paix d'église et la fit fourrer et disoit que c'estoit une paix fourrée et ainsi advint depuis. »

JUVÉNAL DES URSINS, *Histoire de Charles VI*, p. 198, in-folio, 1653. Paris, imprimerie royale.

Quoique fréquentée par de nobles personnages qui venaient en pèlerinage à Notre-Dame, la ville de Chartres voyait à la fin au XIVe siècle les belles plaines de la Beauce, désolées par les routiers et sa population décimée par la peste. Epuisée par des levées d'arbalétriers et par les ravages des pillards, elle rassemble cependant de valeureux citoyens et délivre la contrée des bandes d'aventuriers. Mais bientôt Pierre de Craon, sire de la Ferté-Bernard, qui venait de fonder à Notre-Dame « pour son salut et celui de

son épouse, Jeanne de Chatillon, une messe *à notes* à dire quotidiennement à l'heure de prime[1] »
attenté à la vie du brave connétable de Clisson, passe à Chartres où il compromet gravement un bon chanoine et va se réfugier à la cour du duc de Bretagne. Le roi Charles VI s'empare des propriétés du meurtrier et arrive, le 10 juillet 1392, à Chartres pour y attendre l'armée qu'il doit conduire contre le protecteur de Pierre de Craon. Mais hélas! le pauvre monarque, frappé subitement de démence dans la forêt du Mans, revient à Chartres, le 24, s'agenouiller dans le sanctuaire de Notre-Dame, au milieu des pleurs des habitants.

Les Chartrains, prévoyant l'avenir sous le règne de ce roi que tous délaissent et qui végétera bientôt dans son hôtel Saint-Paul, souvent sans vivres, sans habits et sans soins, n'épargnent rien pour se créer un asile assuré derrière leurs murailles. Les pèlerins affluent cependant encore dans la grotte sacrée, le produit de la vente des cierges devient même si important que le chapitre exige des locataires des *étaux à cire* aux portes

---

[1]. De Lépinois, *Histoire de Chartres*, t. II, p. 50.

de Notre-Dame un droit de 30 sous payables en quatre termes[1], l'année même où l'illustre Enguerrand de Coucy, pris à Nicopolis, lègue, en mourant dans les fers, 600 florins à Notre-Dame de Chartres[2]. Mais à Philippe-le-Hardi, duc de Bourgogne succède Jean-sans-Peur qui flatte le peuple, fait assassiner son *bon* cousin le duc d'Orléans et s'enfuit à la hâte dans ses états, après s'être audacieusement avoué pour le meurtrier.

« Ce n'étoit pourtant que la mort d'un homme, » dit froidement le chroniqueur de la maison de Bourgogne. Mais la mort d'un homme est un événement immense lorsqu'elle arrive par un crime; c'est un fait terrible sur lequel les sociétés ne doivent jamais se résigner[3]. Le 11 septembre 1408, l'avocat de la veuve et des orphelins conclut au Palais à ce que le duc de Bourgogne fasse amende honorable, baise la terre, et qu'après avoir fait diverses fondations expiatoires, il aille pendant vingt ans outre-mer pour pleurer son crime. Mais

---

1. *Registres capitulaires*, 1396.
2. Cette somme d'argent servit à la construction de la chambre des Comptes du chapitre en 1414.
3. MICHELET, *Histoire de France*, t. IV, pag. 159.

vainqueur des Liégeois qu'il a fait massacrer sans pitié, Jean-sans-Peur revient à Paris, le 24 novembre, où le peuple l'accueille comme un héros. L'affaire est négociée par le grand-maître Montaigu, serviteur de la reine et de la maison d'Orléans, qui arrange avec la crédulité de la peur de traité par lequel le second fils du mort doit épouser une fille du meurtrier.

Le faible roi quitte bientôt la capitale et se rend à Chartres où les maisons canoniales du cloître sont mises à la disposition de ses fourriers et à celle du duc de Bourgogne. Notre-Dame, cette basilique si vénérable, fréquentée par tant de pèlerins et récemment enrichie par les libéralités du duc de Berry, est choisie comme le sanctuaire le plus auguste où doit s'accomplir la reconciliation des deux familles. Aux portes de l'église « sont placés des hommes d'armes comme en bataille, afin que le peuple là venant ne travaille point les dits seigneurs et aussi afin qu'on ne puisse voir appertement ce qu'on doit là besogner [1] » Un immense échafaud se dresse, non pas au parvis où se font les amendes honorables,

1. *Chroniques d'Enguerrand de Monstrelet*, édit. Buchon, p. 114.

mais à l'entrée même du chœur, car le duc de Bourgogne est arrivé à Gallardon avec six cents hommes d'armes, inspirant partout la terreur et l'effroi.

Enfin le 9 mars 1409, le roi de France se rend à Notre-Dame et s'assied sur un trône, « emprès le crucifix[1]. » Près de lui prennent place la Reine, le Dauphin, les rois de Sicile et de Navarre, les ducs de Bourbon et de Berry, le cardinal de Bar et tous les plus nobles seigneurs du royaume. A leur suite paraissent les avocats et le procureur du roi, le prévot des marchands, les échevins, l'un des présidents du Parlement et de la Chambre des Comptes qui avaient été mandés de Paris pour être témoins de cette triste cérémonie.

Lorsque tous les grands personnages sont réunis, que le silence le plus profond règne dans cette imposante assemblée, deux hommes paraissent, le duc de Bourgogne et le seigneur d'Ollehain. Quoique Jean-sans-Peur soit le meurtrier du duc d'Orléans, le cruel vainqueur des Liégeois, pas un murmure ne s'élève, quelques larmes seulement coulent, parce que le duc de Bourgogne est un de ces seigneurs terribles dans leur colère que

1. Juvénal des Ursins, *Histoire de Charles VI*, p. 449.

les grands et le peuple redoutent. Jean s'avance donc suivi de son avocat, met un genou en terre devant le trône et laisse la parole au seigneur d'Ollehain.

« Sire, dit celui-ci, voici Monseigneur le duc de Bourgogne, votre cousin et serviteur qui est venu pardevers vous, parce qu'on lui a dit que vous étiez indigné contre lui, à cause du fait qu'il a commis et fait faire sur la personne du duc d'Orléans, votre frère, pour le bien de votre royaume et de vous. Il est prêt à vous le prouver et faire savoir, quand vous le voudrez ; pourtant mondit seigneur vous prie tant et aussi humblement que possible, qu'il vous plaise ne conserver dans le cœur ni colère, ni indignation, lui rendre votre bonne grâce et le croire prêt à vous servir et obéir en toutes choses, sauf le plaisir de Dieu. »

Le duc ajoute : « Mon très-redouté et souverain seigneur, ces paroles sont de moi et je vous supplie humblement de m'accorder la grâce que je vous demande[1]. »

Alors le duc de Berry approche de la Reine et lui parle à voix basse ; puis mettant un genou en terre devant le Roi, ainsi que le Dauphin et les

1. Monstrelet, p. 141.

rois de Sicile et de Navarre, il dit : « Sire, nous vous prions d'accorder la requête de votre cousin le duc de Bourgogne et de lui pardonner. »

Le roi, suivant le cérémonial de la réconciliation, se lève de son trône.

« Mon cousin, dit-il au duc de Bourgogne, pour le bien de notre royaume, pour l'amour de la reine et des princes du sang royal ici présents et aussi pour la loyauté et les bons services que nous espérons toujours trouver en vous, nous vous accordons votre demande et vous remettons toutes choses. »

Jean-sans-Peur, satisfait de la réponse du roi, se retire. Les deux enfants du duc d'Orléans entrent alors avec cent chevaliers et viennent prendre place sur l'échafaud. Le roi leur fait part du pardon qu'il vient d'accorder et les prie de l'avoir pour agréable et d'y consentir en leur nom, au nom de leur frère le comte d'Angoulême et de leur sœur Madame Marguerite.

Les deux pauvres enfants voient alors rentrer le duc de Bourgogne qui s'avance vers eux, suivi de son avocat. « Monseigneur d'Orléans et Messeigneurs ses frères, dit le seigneur d'Ollehain, voici Monseigneur le duc de Bourgogne qui vous supplie de bannir de vos cœurs toute haine et toute vengeance et d'être bons amis avec lui. »

Le duc ajoute de sa propre bouche suivant le cérémonial : « Mes chers cousins, je vous en prie. »

Les jeunes princes ne peuvent retenir leurs larmes. La Reine, le Dauphin et les seigneurs du sang royal approchent d'eux et les prient d'oublier le meurtre de leur père. L'assemblée tout entière ne peut contenir son émotion, chacun déplore silencieusement le trépas du duc d'Orléans, lorsque le roi du haut de son trône adresse ces paroles aux fils de la victime :

« Mon très-cher fils et mon très-cher neveu, consentez à ce que nous avons fait et pardonnez. »

Le duc d'Orléans et son frère répètent alors l'un après l'autre les paroles prescrites par le traité :

« Mon très-cher seigneur, par votre commandement, j'accorde, je consens et j'agrée tout ce que vous avez fait et lui remets toutes choses entièrement. »

Le roi reprend la parole :

« Et moi, je veux et commande que chacune des parties tienne ce que j'ai ordonné ; qu'ils soient bons amis ensemble et que tous les parents, amis et serviteurs d'un et d'autre côté ne demandent jamais rien aux autres pour le fait en question ni pour aucune de ses suites. Nous leur défendons, en tant qu'ils peuvent craindre notre courroux qu'ils aient jamais dissension, débat, ni division pour cette cause, mais que chacun pardonne à tous, comme nous pardonnons, excepté toutefois à ceux qui ont accompli ce fait sur la personne de feu notre frère le duc d'Orléans [1] »

Le cardinal de Bar apporte alors la croix et les saints Evangiles. Le duc de Bourgogne, les princes d'Orléans, le duc de Berry, leur curateur et les autres seigneurs du sang royal jurent d'observer la volonté du roi. Puis chacun se retire, la plupart murmurant et disant « que dorénavant on auroit bon marché de meurtrir et tuer les seigneurs du sang royal, puisqu'on étoit quitte ainsi sans en faire aucune réparation [2]. » Aussi lorsque le grand-maître Montaigu, serviteur de la maison d'Orléans, eut enregistré ce pacte de famille, cette paix jurée sur les saints Evangiles en présence des seigneurs et de plusieurs évêques, écrivit-il au bas ces paroles du prophète :

1. Monstrelet, p. 145.
2 Monstrelet, p. 145.

Pax, Pax et non est Pax.

C'était bien l'avis du fou du duc de Bourgogne. En revenant de Chartres, il se jouait avec une patène ou paix d'église, la mettant dans sa fourrure et plaisantant sur la *paix fourrée*. Beaucoup de gens trouvaient ce fou assez sage. En effet, tandis que le faible roi séjournait à Chartres avec la Reine et le Dauphin, Jean-sans-Peur sortant de la ville avec son escorte, le même jour, « sans boire ni manger[1] » cherchait à s'emparer du pouvoir pour frapper à outrance les partisans du duc d'Orléans. Mais dix ans après, le 10 septembre 1419, il expirait sous la hache de Tanneguy-Duchâtel, sur le pont de Montereau, après avoir plongé la France dans une profonde misère et suscité des guerres qui détruisirent plusieurs millions d'hommes.

---

1. Juvénal des Ursins, p. 198.

II

SACRE DE HENRI IV.

— 27 février 1594. —

« Le Roy fut meu à ce faire pour la peculière dévotion que ses ancestres ducs de Vendomois y avoient tousiours porté... et aussi que le spécieux Temple qui s'y voit est le plus ancien de la chrestienté... »

Cérémonies observées au sacre et coronement du très-chrestien et très-valeureux Henry IIII, in-4°, Paris, 1594, pag. 6.

Henry IV vient d'abjurer l'hérésie de Calvin dans la majestueuse basilique de Saint-Denis, où reposent les rois de France, ces fils aînés de l'Eglise catholique. Chartres célèbre cette conversion au son de ses bourdons et de toutes ses autres cloches. Mais bientôt l'allégresse redouble dans l'enceinte de cette paisible cité. Pour frapper d'un dernier coup les esprits indécis, le roi a demandé à l'Église l'onction sainte et choisi Chartres pour cette imposante cérémonie, parce que Reims, la ville du sacre, est encore occupée par les troupes de Mayenne et que Notre-Dame cons ve le souvenir de son pieux ancêtre, Louis de Bourbon, comte de Vendôme.

Le chœur de la cathédrale est paré d'une riche tapisserie ; deux fauteuils sont placés devant le grand autel pour le roi et pour l'évêque qui doit officier. Derrière, des sièges sont réservés aux pairs ecclésiastiques et aux pairs laïcs, aux nobles seigneurs et aux magistrats invités à cette splendide cérémonie. « Les galeries du chœur et de la nef sont délaissées à ceux qui y pourront trouver place par la licence de ceux qui les auront en garde[1]. »

Sur le jubé le chapitre fait dresser un magnifique trône pour le monarque « en telle sorte que luy assis puisse estre veu[2] » et disposer à droite et à gauche des sièges pour Messieurs les pairs et pour d'autres notables personnages.

Henri IV arrive à Chartres le 17 février 1594 et se présente le lendemain devant la porte royale

1. Palma Cayet, Chronologie novenaire, édit. Buchon, t. I, p. 612.
2. Cérémonies observées au sacre et coronement du très-chrestien et très-valeureux Henry IIII, roy de France et de Navarre, Paris, Janet Mettayer et Pierre L'Huillier, 1594, p. 9.

de Notre-Dame, où l'évêque Nicolas de Thou, assisté de son chapitre, le remercie de ce qu'il a bien voulu choisir son église « pour la solennité de son sacre. » Le monarque répond gracieusement au prélat qu'il suivra l'exemple de ses prédécesseurs et offre à Dieu ses hommages au pied de l'autel principal.

Les religieux de Marmoutiers possédaient une fiole d'huile miraculeuse « appelée la sainte ampoule de sainct Martin et conservée précieusement dans leur abbaye près Tours. » Le roi, qui ne pouvait faire venir la sainte ampoule de Reims, voulut être sacré avec l'huile de Marmoutiers. Cette relique arriva dans la capitale de la Beauce le 19 février 1594, sur les trois heures de l'après-midi, portée par les frères Mathurin Giron, Jacques d'Huisseau et Isaïe Jauhay, religieux et officiers du couvent, et escortée par le sieur de Souvré, député du roi, l'évêque d'Angers et un grand nombre de gentilshommes tourangeaux et manceaux, de présidents et de conseillers au Parlement, à la Cour des Aides et à la Chambre des Comptes de Tours. Mgr l'évêque de Chartres avait envoyé à leur rencontre le clergé de toutes les paroisses et de tous les couvents de la ville auquel s'étaient joints M. Guy Robert, prévôt de Chartres, douze notables bourgeois avec des torches aux armes du roi et de la ville, les échevins et une immense quantité d'habitants en habits de fête[1].

Le reliquaire est porté processionnellement à travers les rues tendues de tapisseries et au son de toutes les cloches, jusqu'à l'abbaye de Saint-Père et confié à la garde du frère Yves Gaudeau, prieur claustral et de quatre autres religieux. Le dimanche 27, à sept heures du matin, les comtes de Cheverny, d'Halluin, de Lauzun et le baron de Termes, se présentent à l'abbaye de Saint-Père et prient le frère Giron et ses compagnons de porter l'huile sainte à Notre-Dame pour le sacre de Sa Majesté. Les religieux de Marmoutiers acquiescent à leur demande, mais exigent des députés du roi, « devant notaires » le serment « de conduire et reconduire de bonne foy la dicte sainte ampoule à Sainct-Pierre ledit sacre achevé. » Frère Giron, monté sur une haquenée blanche, porte alors la précieuse fiole sous un magnifique dais de damas rouge, suivi des seigneurs *otagiers*, des

---

1. De Lépinois, *Histoire de Chartres*, t. II, p. 352.

notables bourgeois et du peuple. Mr de Thou reçoit la sainte ampoule à la porte royale des mains du frère Giron et prête le serment exigé des seigneurs à l'abbaye de Saint-Père.

Alors commencent les cérémonies du sacre. Le roi, qui la veille « avait ouï une prédication sur la divine institution de l'onction des roys de France que lui fit Messire René Benoist, curé de Saint-Eustache de Paris[1], » sort du palais épiscopal pour se rendre à l'église choisie pour son sacre. Revêtu d'une camisole de satin cramoisi et d'une grande robe de toile d'argent, il arrive à la cathédrale par la porte royale, accompagné des évêques de Nantes et de Maillezais et précédé des archers du grand prévot de son hôtel, du clergé, des Suisses, des hérauts d'armes, des chevaliers du Saint-Esprit, des Écossais, des gardes-du-corps, et du maréchal de Matignon, portant l'épée de connétable. Derrière marchent le grand chancelier de France, le grand-maître, le grand-chambellan et le premier gentilhomme de la Chambre.

Cependant les douze pairs « tous vestuz de tuniques de toille d'argent ou de leurs habits pontificaux » ont pris place dans l'enceinte réservée.

---

1. PALMA CAYET, p. 613.

A leur appel, le prince de Conti répond pour le duc de Bourgogne; le comte de Soissons, pour le duc de Normandie; le duc de Montpensier, pour le duc d'Aquitaine; le duc de Luxembourg, pour le comte de Toulouse; le duc de Retz, pour le comte de Flandre; le duc de Ventadour, pour le comte de Champagne; l'évêque de Chartres, pour l'archevêque duc de Reims; l'évêque de Nantes, pour l'évêque duc de Laon; l'évêque de Digne, pour l'évêque duc de Langres; l'évêque de Maillezais, pour l'évêque comte de Beauvais; l'évêque d'Orléans, pour l'évêque comte de Châlons; et l'évêque d'Angers, pour l'évêque comte de Noyon.

Le roi marche droit à l'autel, accompagné des évêques de Nantes et de Maillezais, dépose pour offrande une châsse d'argent doré[1] et vient ensuite occuper le fauteuil qui lui est préparé au bas des marches. L'évêque de Chartres reçoit alors l'huile sainte des mains des religieux de Marmoutiers, la montre au peuple et la dépose sur le grand autel. Se tournant vers Sa Majesté et revêtu de

1. Cette châsse est la première de l'inventaire des reliques et joyaux de l'église de Chartres fait en 1682 et publié par M. Hérisson dans sa *Notice historique sur saint Piat*. Elle contenait deux os des bras de saint Serge et de saint Bache, martyrisés à Sergiopolis en 309.

ses plus beaux ornements, il prononce ces paroles : « Nous vous demandons que vous nous octroyiez à chacun de nous et aux églises desquelles nous avons la charge, les privilèges canoniques et droites lois et justice, et que vous nous défendiez comme un roy en son royaume doit à tous les évêques et leurs églises. »

Le roi, debout, la main droite sur l'Evangile, répond : « Je vous promets et octroye que je vous conserveray en vos privilèges canoniques, comme aussi vos églises, et que je vous donnerai de bonnes loix et vous feray justice et vous deffendray, aidant Dieu par sa grâce, selon mon pouvoir ainsi qu'un roy en son royaume doit faire par droit et raison à l'endroit des évêques et de leurs églises[1]. »

Après cette réponse les évêques de Nantes et de Maillezais soulèvent le roi de son fauteuil et demandent aux assistants s'ils veulent l'accepter pour monarque.

Reconnu pour légitime souverain par toute la majestueuse assemblée, Henri IV prête le serment du royaume, la main droite sur le livre saint :

1. Palma Cayet, p. 616.

« Je promets, dit-il, au nom de Jésus-Christ, ces choses aux chrétiens à moy sujets :

« Premièrement, je mettray peine que le peuple chrétien vive paisiblement avec l'Eglise de Dieu. Oultre, je tâcheray qu'en toutes vacations cessent rapines et toutes iniquités. Oultre, je commanderai qu'en tous jugements, l'équité et miséricorde ayent lieu, à celle fin que Dieu clément et miséricordieux fasse miséricorde à moy et à vous. Oultre, je tâcherai à mon pouvoir, en bonne foy, de chasser de ma jurisdiction et terres de ma subjection tous hérétiques dénoncés par l'Eglise, promettant par serment de garder tout ce qui a esté dict : Ainsy Dieu m'aide et ces saints Evangiles de Dieu[1]. »

L'évêque de Chartres aidé par les pairs ecclésiastiques, fait alors à Henri les onctions saintes, puis « après la convocation des pairs faite par le chancelier de France » prenant la couronne et la levant au-dessus de la tête du monarque, il la donne à soutenir aux ducs et pairs, la bénit et la dépose sur le front du roi. Henri IV est ensuite conduit par l'évêque et les grands seigneurs au trône qui lui est dressé sur le jubé, afin que tout

---

1. PALMA CAYET, p. 616.

le peuple puisse le voir. L'évêque officiant fait asseoir le monarque, prie Dieu « de le confirmer en son throsne, de le rendre invincible et inexpugnable contre ceux qui injustement s'efforcent de ravir la couronne qui luy est légitimement escheue, » lui donne le baiser de paix et crie par trois fois : *Vive le Roi!* Ce cri est successivement répété par les pairs et par tout le peuple ; le son mélodieux des clairons, des hautbois, des trompettes, des tambours et d'autres instruments de musique retentit sous les voûtes de la vieille basilique, tandis que des hérauts jettent des pièces d'or et d'argent « marquées à l'effigie du Roy avec la datte du jour et de l'année de son sacre et couronnement. »

Mgr l'évêque de Chartres, revêtu d'une magnifique chasuble et assisté de l'abbé de Sainte-Geneviève, du doyen et de six chanoines de la cathédrale, célèbre la messe. Après l'évangile, l'abbé de Sainte-Geneviève, diacre d'honneur, remet « le texte à Mgr l'archevêque de Bourges » grand aumonier, qui le fait baiser au monarque. A l'offertoire, Sa Majesté descend du jubé, précédée des hérauts, des huissiers, de nobles seigneurs et environnée des pairs. M. de Sourdis présente le vin dans un vase d'or ciselé, M. de Souvré un pain d'argent, M. d'Entraigues un pain d'or et M. Descars une bourse garnie de treize pièces d'or à l'effigie du roi. Henri IV « l'offrande faite, s'en retourne sur son trône, portant la couronne, le manteau, le sceptre et la main de justice. » La messe finie, « le roi s'étant reconcilié avec le dict docteur Benoist, son premier confesseur » se présente à l'autel, sans aucun insigne pour recevoir la sainte communion. Agenouillé, il récite humblement à haute voix le *confiteor*, « reçoit de l'évêque de Chartres l'absolution en la forme de l'Église et communie en très-grande humilité au précieux corps et sang de Jésus-Christ, sous les deux espèces du pain et du vin[1]. »

L'office achevé, les évêques et les seigneurs reconduisent le monarque à l'évêché. Le duc de Montbazon marche le premier, portant la couronne sur un coussin de velours, M. d'O le suit avec le sceptre, puis M. de Roquelaure avec la main de justice et le maréchal de Matignon, l'épée royale au poing[2].

La sainte ampoule est aussitôt reportée proces-

1. PALMA CAYET, p. 620.
2. *Cérémonies observées au sacre...* p. 50 bis.

sionnellement à l'abbaye de Saint-Père par les barons qui la remettent aux religieux de Marmoutiers. Sa Majesté, revêtue d'autres magnifiques vêtements, « s'assied à table sous un dais de belle étoffe, dans la grande salle épiscopale ornée de riches tapisseries ; » à sa droite et sur une autre table se placent les pairs ecclésiastiques, en habits pontificaux, à gauche et sur une autre table, les pairs laïcs, revêtus de leurs habits portés au sacre. Au bas de l'estrade réservée au roi et à ces nobles seigneurs prennent place à une grande table les ambassadeurs, le chancelier, les chevaliers de l'ordre et les principaux officiers de la couronne. Le banquet terminé au son des trompettes, des clairons et des hautbois, le roi se retire, précédé du maréchal de Matignon portant devant lui l'épée royale « nûe et droite. » Le soir, un magnifique banquet rassemble quelques seigneurs et des dames parmi lesquelles on remarque Madame Catherine, sœur du roi, les princesses de Condé et de Conti et les duchesses de Nemours, de Retz et de Rohan. « Le souper finy, les grâces sont dites en musique, comme le feu roy Henry III les faisoit dire [1]. »

1. *Cérémonies observées*, p. 52 bis.

Ainsi vint se briser aux pieds de la Vierge de Chartres le Protestantisme qui s'était flatté d'envahir le royaume et de monter sur le trône, comme le Paganisme y avait expiré par la défaite des Normands et la conversion d'Hasting et de Rollon ; comme y avait échoué encore, par suite du traité de Brétigny, l'invasion des Anglais qui nous eussent doté, deux siècles plus tard, de leur schisme et de leur hérésie[1]. Le lendemain, le roi voulut recevoir le collier de l'ordre du Saint-Esprit des mains de l'évêque de Chartres. Il vint donc à trois heures du soir à Notre-Dame pour assister aux vêpres du Saint-Esprit, accompagné des officiers, des prélats, des commandeurs et des chevaliers de cet ordre, tous vêtus de leurs grands manteaux et portant au cou leurs grands colliers. L'évêque officia, les psaumes furent chantés par les musiciens du roi. Entre vêpres et complies, après la bénédiction solennelle, le monarque approche de l'autel et vient prêter le serment « comme chef et souverain grand-maître de l'ordre, entre les mains de l'évêque, sur le texte du saint Evangile. »

« Nous Henry, roi de France et de Navarre, dit-il, jurons et promettons solennellement en vos

---

1. *Notice sur Notre-Dame de la Brèche*, p. 17.

mains, à Dieu le créateur, de vivre et de mourir en la sainte foi et religion catholique, apostolique et romaine, comme il convient à un bon roi très-chrétien et de plutôt mourir que d'y faillir, de maintenir à jamais l'ordre du Saint-Esprit, sans le laisser jamais déchoir, amoindrir ni diminuer, tant qu'il sera en notre pouvoir, observer les statuts et ordonnances dudit ordre, selon leur forme et teneur, et les faire exactement observer par tous ceux qui sont et seront ci-après reçus audit ordre et par exprès ne contrevenir jamais, ni dispenser ou essayer changer ou innover les statuts irrévocables d'iceluy. Ainsi le jurons, vouons et promettons sur la sainte vraie croix et le saint Evangile touchés[1]. »

Le sieur de Rhodes revêt alors le roi du grand manteau de l'ordre et l'évêque lui donne le collier. Les cérémonies terminées, Henri IV revient au palais épiscopal et quitte, quatre jours après, la ville de Chartres. Le 22 mars, Paris ouvre ses portes à ce roi catholique et le salue partout sur son passage.

Le 31 mai 1610, sur le soir, arrivait à Chartres le cœur de ce monarque, légué par testament

1. PALMA CAYET, p. 621.

aux Jésuites de La Flèche. La ville, consternée depuis quelques jours à la nouvelle de l'attentat qui plongeait le royaume dans une profonde douleur, reçut cette dépouille mortelle avec respect et la fit déposer dans l'église des Capucins pour y passer la nuit. Quelque temps après, le chœur de Notre-Dame fut tendu de velours noir, un service funèbre fut solennellement célébré pour le repos de l'âme du monarque dont l'éloge fut prononcé en présence d'une nombreuse assemblée. L'évêque Nicolas de Thou était descendu dans la tombe depuis 1599, lorsque la peste décimait son vaste diocèse.

PIÈCES JUSTIFICATIVES.

« Icy vous trouverez tout avec preuve de l'antiquité qui estoit cachée non pas dans le puits de Démocrite, mais dans les viels manuscripts presque tous perdus dans l'oubly. »

NICOLAS DES GUERROIS, *Saincteté chrestienne.*

I

Description de la Vierge sous Terre.

Dans la chapelle spécialement érigée en l'honneur (de la Sainte Vierge), la vénérable image qui s'y voit élevée dans une niche au-dessus de l'autel est faite de bois qui paroist estre du poirier que le long temps a rendu de couleur enfumée. La Vierge est dans une chaise; tenant son Fils assis sur ses genoux, qui, de la main droite, donne la bénédiction, et de la gauche porte le globe du monde. Il a la tête nue et les cheveux fort courts. La robe qui lui couvre le corps est toute close et replissée par la ceinture; son visage, ses mains et ses pieds, qui sont découverts, sont de couleur d'ébeine grise luysante. La Vierge est revestue, par dessus sa robe, d'un manteau à l'antique en forme de dalmatique, qui, se retroussant sur les bras, semble arrondie par le devant sur les genoux jusqu'où elle descend; le voile qui lui couvre la teste porte sur ses deux épaules, d'où il se rejette sur le dos. Son visage est extrêmement bien fait et bien proportionné, en ovale, de couleur noire luysante ; sa couronne est toute simple, garnie par le hault de fleurons en forme de feuilles d'ache. La chaise est à quatre piliers, dont les deux de derrière ont 23 pouces de haulteur, sur un pied de largeur, comprise la chaise ; elle est creuse par le derrière, comme si c'étoit une écorce d'arbre, de trois pouces d'épaisseur, travaillée en sculpture. La statue a 28 pouces et 9 lignes de haulteur[1].

Et ce qu'il y a de remarquable dans l'enfant, c'est qu'il a les yeux ouverts, tandis que sa mère les a fermés. Cette différente disposition des yeux fermés et ouverts n'a pas été observée sans dessein. On rapporte que les Druides ont représenté la Vierge avec les yeux clos pour faire connoistre que la foi étoit encore dans les ténèbres, lorsqu'ils élevèrent cette statue et que celle qu'ils honoroient n'étoit pas encore née. Cette tradition veut qu'ils ont ouvert les yeux à l'enfant pour

1. ALEX. PINTARD, *Histoire chronologique de la ville de Chartres*, mss de la bibliothèque de Chartres, p. 40.

faire comprendre qu'ils croyoient ce fils existant de toute éternité[1].

Sablon ajoute naïvement que cette vierge était noire et que les druides l'ont ainsi depeinte « parce qu'elle étoit d'un pays plus exposé au soleil que le nôtre[2]. »

---

1. *Catalogue des reliques et de ce qui se voit de plus remarquable dans l'église de Chartres*, mss de 1682, bibliothèque de Chartres.

2. VINCENT SABLON, *Histoire de l'église de Chartres*, 1865, p. 53. M. l'abbé Bulteau croit que cette statue ne fut sculptée et placée dans la crypte que sous le pontificat de l'illustre Fulbert. L'abbé Souchet, dès 1600, l'affirme, « quoique le bois duquel elle est faite, dit-il, paroisse fort antique. » La statue des druides a-t-elle disparu dans l'incendie de 1020 ? Je laisse à de plus habiles le soin de résoudre cette question. Les éditeurs du *Livre des Miracles* pensent que la couleur noire de cette statue était due à l'action du temps ; ce qui justifierait peut-être l'opinion de ceux qui la font remonter jusqu'aux druides, surtout si l'on se rappelle qu'elle était toujours accompagnée de cette inscription caractéristique : *Virgini parituræ.*

II

Le Pré des Reculés.

I

Benoit, trouvère anglo-normand, donne de grands détails sur la victoire remportée à Chartres contre les Normands. Son récit, quoique poétisé, concorde parfaitement avec celui des chroniqueurs[1] et surtout celui de l'auteur du *Livre des Miracles*. Qu'il nous soit permis d'en publier un extrait d'après le texte de M. Francisque Michel.

Rou ou Rollon vient mettre le siège devant Chartres, les Chartrains sont plongés dans la plus affreuse consternation...

> Uns sains évesques de grant sens
> Out en la vile à icel tens,
> Qui Gonteaumes aveit à non :

---

1. *Chron. Hugon Floriac*, D. BOUQUET, t. VIII, p. 322. — *Chron. Breve Sancti Martini Turon*, ib. t. VIII, p. 316. — *Chron. Virdun*, ib. t. VIII, p. 287. — *Histor. Dudonis*, ib. t. VIII, p. 256. — ROBERT WACE, *Roman de Rou*, 1827, t. I, p. 79. — *Cartulaire de St-Père*, lib. Agan, t. I, p. 46. — *Le Livre des Miracles de N.-D.*, p. 179.

Mult par esteit saintismes hom,
Glorios e just, e verais.
Sur icestui fu tut le fais ;
A lui e par lui se teneient,
Nul autre conseil n'en aveient
Li citaein[1] ne cil dedenz.
Cist fu angoissus[2] e dolenz,
Plore, tant est à oreisuns
Nuz cutes[3] et a genoilluns[4] ;
Sus ciel ne set que devenir ;
E quant il ne l'pout plus soffrir,
Enveie pur[5] le duc Richard
Que ne vienge securre a tart
E ameint li ses Borgoignons,
Kar poi[6] vaut lor defensions
Contre les cuilverz[7] Sarrazins ;
Autresi mande as Peitevins,
Le conte en sopleie[8] Ebalun
Qui maint orgoillus compaignon
Garni d'armes e de conrei[9]
I amena ensemble od sei.

. . . .

1. Citoyen. — 2. Triste, chagrin. — 3. Coude. — 4. A genoux. — 5. Pour. — 6. Peu. — 7. Traîtres, vilains, *collibertus*. — 8. Supplie. — 9. Ordre, rang, troupe.

Tant chevalchèrent Borgoignons
Qu'il conurent les paveillons.
Adunc plein d'ire e de rançore
Vestent les haubers à dreiture,
Lacent les heaumes reluisanz,
Isnelement[1] ceignent lur branz[2],
Puis sunt ès bons chevaus muntez
Sors[3] e bauçans[4] e pumelez...

Les Bourguignons se jettent sur les Normands; mais, continue le trouvère :

Eissi esteit l'oevre dotuse
E d'ambesdous[5] parz perillose
Que nul n'i saveit que quider
N'esgardement[6] ne los[7] donner...
Enz en cest doleros content,
Qui mult out durée longement,
Se fu l'evesque revestuz
Que ne se fist taisant ne muz
Cel jor de preer Jhesu-Crist ;
La messe célèbra e dist,
Conréer[8] fist tote les genz,

1. Vivement, *igniter*. — 2. Glaive, épée. — 3. De la couleur d'un hareng saur. — 4. De petite taille. — 5. Deux, *ambo duo*. — 6. Manière de voir. — 7. Conseil. — 8. Arranger, *curare*.

Que il aveit od sei dedenz,
Mult lur out trait riche sermun
E fait à toz beneïçon.
Seur[1], hardi e corajus
Sunt de combatre desiros.
Unc en un jor n'en tant de terme.
Ne fu plorée tante lerme.
Une croiz del fust precios
U. Jhesu-Crist prist mort por nos
Porta l'évesque senz devise
E la *gloriose chemise*
Que la mère Deu out vestue
Veraiement à sa char nue;
Haut la portout entre ses mains :
De victorie fis[2] e certains,
Vers la bataille vait le pas.
Tote la vile sune à glas;
Li citeein e li clergiez
Furent d'armes apareilliez;
Les portes oevrent à bandon[3];
Si s'en issent lor gonfanon[4];
Cinc cenz e plus trestut d'un front :

---

1. Assuré, *certus*. — 2. Certain, *fidus*. — 3. A discrétion. — 4. Enseigne, étendard.

Ci s'apareille finemunt.
Daneis trovèrent encombrez
Qui od Franceis s'èrent meslez;
Si lur livroent grant entente,
Que suz eus ert l'erbe sanglente.
E Chartain coragos e os[1];
Les asaillent de très as dos[2];
Traient saettes empenées[3].....
E quant Franceis e Borgoignon
Virent la grant procession
E les genz de Chartres eissir,
Dunc se pristrent à resjoïr :
Nuls d'els dès or ne s'i desheite[4].
Quant sevent la *chemise* est traite,
Tuit sunt segur[5] deu champ fıner
E de la terre delivrer
D'icele granz gent desleiée
Qui si l'a morte e eissilliée[6] :
A ceo tendent tut lor poeir[7];
Mais qui vos en dirra le veir?...
Rous fu le jor de eus charpenter
Qu'od le cler brant trenchant d'acer

1. Hardis. — 2. Derrière. — 3. Flèches, *sagitta*. — 4. Se chagrine. — 5. Sûrs, *securus*. — 6. Exilée, bannie. — 7. Pouvoir, *posse*.

LE PRÉ DES RECULÉS.

Les desrompic vencuz e morz
Là ù ert maires[1] lur esforz
Par tantes feiz ne l'vos sai dire;
Nul n'en fist mais si fier martire :
Chevalers trenche tuz armez,
Mult par est crienz e redutez[2].
Al quor a dolor e pesance ;
Kar bien conuist sa meschaance,
Qu'il esgarde e veit od ses oilz
Oi ert abatuz sis orguilz
Se il de sa gent e de sei
Ne set prendre hastif conrei.
Choisist e veit les revestuz
E set qu'il portent granz vertuz,
E veit ses genz trop envaïr
E de totes parz asaillir,
Fendre, partir e desevrer[3]
Senz recovrer, senz ajoster ;
Ne poent à lui repairer,
N'il ne lur poet aler aider :
Treis mile heaumes les forscloent[4]
Qu'il ne s'entre-veient ne oent[5].
Pur la *chemise* qui fu traite,

1. Grands, *major*. — 2. Craint. — 3. Discontinuer.
4. Empêchent de fuir. — 5. Entendent, *audiunt*.

Quic que à Rous teu perte faite
Que n'ert mais del mais ne s'en pleigne[1].

II

Le moine Paul, auteur du Cartulaire d'Aganon et vivant en 1088, rapporte ainsi la défaite de Rollon :

« Operæ pretium duxi huic orationi inserere obsidionem factam tempore *Gancelini* præsulis, cùm propter novitatem temporis, tum propter memorandum miraculum quod in eâ patrare dignatus est Dominus Jhesus Christus, interventu ejusdem genitricis beatæ Virginis Mariæ. Nam transmarini pagani, quibus dux præerat Rollo, mare transmeantes in Neustriæ partibus, maximam terræ partem virtute belli invadentes, septem civitates jam obtinuerant : a quorum vocabulo eadem terra sortita est nomen.

Ipsi enim a flatu Norici, Normanni vocantur : a quo nomine Normannia vocitatur. Visco itaque insaciabili avaritiæ laborantes, per Sequanam fluvium navigantes, Parisiacam urbem obtinere am-

---

[1]. *Chronique des ducs de Normandie*, par BENOIT, trouvère anglo-normand du XIIe siècle, publiée par F. Michel. t. I. p. 263. Paris, imprimerie royale.

biunt. Qui cum desidua obsidione et armorum exercitione, incassum laborare cernerent, proras navium retro vertentes, obsidionem liquerunt. Itaque animi sui ambitionem ad urbem Carnotensem toto nisu verterunt. Ad quam per Sequanam remis currentes, in Givaldi fossà aplicuerunt. Ibi denique navibus relictis, præpeti cursu, ad urbem veniunt, eamque in circuitu obsidione vallant. Verum enim vero præfatus præsul venturam obsidionem divino relatu prænoscens, Pictavensem comitem venire sibi in auxilium mandat; ducemque Burgundiæ atque duos potentissimos Franciæ comites, qui, die constituto a præsule, pari voto cum exercitu maximo parati, christiano populo auxilium ferre adsunt.

Cùmque pagani viribus et armis confidentes admodum insisterent, et civitatem capere festinarent, pontifex, die quà noverat supradictos comites sibi venire in auxilium, valde diluculo jubet omnes suos armis muniri et ad portas ventum ire. Trahens itaque interiorem tunicam Dei genitricis Mariæ super portam quæ Nova vocatur, obtutibus paganorum obtulit portasque urbis aperuit, et christianos fidenter prælíare jubet. Tunc christiani, ab omnipotente Deo viribus sumptis, fortiter pugnant. Pagani vero a Deo destituti, omnium membrorum viribus perditis ex unà parte a civibus mactantur, et ab aliâ parte a supervenienti exercitu velut agri fœni sternuntur. Ex quibus tanta cædes fuit, ut mortuorum cadaveribus aqua fluminis excluderetur, atque omnes pariter, ipsa die ultrici, gladio sternerentur, nisi ultimi cum suo duce, præsidio fugæ, metis mortis carere potuissent. Unde factum est ut, jam sero facto, in monte Leugarum devenirent, ibi castra metati sunt atque de coriis animalium se undique muniunt. Christiani vero eos insequentes, montem vallant, ut proxima die fugientes aggrediant. Quem videntes pagani pavefacti, machinantur quomodo a periculo mortis se salvare possent. Elegerunt denique tres viros fortissimos qui latènter exirent de castris, longeque positi a castris canerent tubis. Qui cùm abissent et tubis canerent, christiani audientes veriti sunt ne pagani complices illorum venirent in auxilium. Tunc se colligentes in unâ parte, exspectabant eventum rei.

Pagani autem videntes locum fugiendi, paulatim silenter exèunt à castris, impedimenta omnia derelinquentes; veloci cursu ad suas naves redeunt, indèque ad propria. Memoresque suæ confusionis atque detrimenti, nequaquam ultra addiderunt reverti ad urbem Carnotensem[1].

III

Construction de la Cathédrale.

I

1145.

Hoc eodem anno, cœperunt homines priùs apud *Carnotum* carros lapidibus onustos et lignis, annonâ et rebus aliis, humeris suis trahere ad opus ecclesiæ, cujus turres tunc fiebant : quæ qui non vidit, jàm similia non videbit, non solùm ibi, sed etiam in totâ Franciâ penè et Normanniâ et multis aliis locis. Ubique humilitas et afflictio, ubique pœnitentiæ et malorum remissio, ubique luctus et contritio. Videres homines et feminas per profundas paludes genibus trahere, verberibus cædi, ubique crebra miracula fieri, Deo can-

[1]. *Cartulaire de l'abbaye de Saint-Père de Chartres*, publié par GUÉRARD, t. I, p. 16-17.

tus et jubilos reddi. Extat enim ex hâc re priùs inaudita Hugonis epistola Rotomagensis archiepiscopi ad Theodoricum, episcopum Ambianensem, super hàc re sciscitantem. Diceres Prophetiam impleri, *Spiritus vitæ erat in rotis*[1].

II

Lettre de Hugues, archevêque de Rouen, à Thierry, évêque d'Amiens.

Reverendo patri Theodorico Ambianensium episcopo, Hugo Rotomagensium sacerdos, prosperari semper in Christo. Magna opera Domini, exquisita in omnes voluntates ejus! Apud *Carnotum* cœperunt in humilitate quadrigas et carpenta trahere ad opus ecclesiæ construendæ, eorum humilitas etiam miraculis coruscare. Hæc fama celebris circumquaque pervenit, nostram deniquè Normanniam excitavit. Nostrates igitur, benedictione à nobis acceptâ, illùc usque profecti sunt et vota sua persolverunt. Deindè formâ simili ad matrem suam ecclesiam in diœcesi nostrâ per

[1]. Ezechiel, 1-20. *Historiæ Normannorum scriptores antiqui*, par André Duchesne, in-folio, 1619, p. 982. *Recueil des Historiens des Gaules*, t. XIII, p. 290.

episcopatus nostros venire cœperunt, sub tali proposito quod nemo in eorum comitatu veniret, nisi priùs datâ confessione et pœnitentiâ susceptâ, nisi depositâ irâ et malevolentiâ qui prius inimici fuerant, convenirent in concordiam et pacem firmam. Ilis præmissis, unus eorum princeps statuitur, cujus imperio in humilitate et silentio trahunt quadrigas suas humeris suis, et præsentant oblationem suam non sine disciplinâ et lacrymis. Tria illa quæ præmisimus, confessionem videlicet cum pœnitentiâ et concordiam de omni malivolentiâ et humilitatem veniendi cum obedientiâ requirimus ab eis, cùm ad nos veniunt; eosque piè recipimus et absolvimus et benedicimus si tria illa deferunt. Dùm sic informati in itinere veniunt, quandoque, et in ecclesiis nostris quàm maximè miracula creberrima fiunt de suis etiam quos secum deferunt infirmis et reducunt sanos quos secum attulerunt invalidos. Et nos permittimus nostros ire extra episcopatus nostros; sed prohibemus eos ne intrent ad excommunicatos vel interdictos. Facta sunt hæc anno incarnati Verbi MCXLV. Bene vale[1].

1. *Annales Benedictini*, t. VI, p. 392-3. *Recueil des Historiens des Gaules*, t. XIV, p. 319.

III

Lettre de l'abbé Haimon de Saint-Pierre-sur-Dive.

Audiendus hâc de re Haimo abbas qui operi præsidebat in libello hujusce argumenti quem ad fratres suos Totesberiæ in Angliâ degentes scripsit, ut eos ad gratias Deo agendas excitaret qui in tantâ sæculi corruptelâ novum quoddam pietatis genus quo quæreretur, instituit, novum, inquam, et sæculis omnibus inauditum. Quis enim vidit unquam, quis audivit in omnibus generationibus retroactis, ut tyranni, principes potentes in sæculo, honoribus et divitiis inflati, nobiles natu viri et mulieres, superba et tumida colla loris nexa plautris summitterent et onusta vino, tritico, oleo, calce, lapidibus, lignis cæterisque vel vitæ usui, vel structuræ ecclesiæ necessariis ad Christi asylum, animalium more brutorum, pertraherent? Verùm id mirabiliùs videtur quod subdit idem auctor. In trahendo autem, inquit, illud mirabile videre est, ut, cùm mille interdùm vel eo ampliùs viri vel feminæ plaustro innexi sint (tanta quippe moles est, tanta machina, tantum et onus impositum) tanto tamen silentio incedatur, ut nullius vox, nullius certò mussitatio audiatur ; ac nisi oculis videas, adesse nemo in tantâ multitudine æstimetur. Ubi autem in viâ subsistitur, nihil aliud resonat, nisi confessio criminum et supplex ad Deum puraque oratio prò impetrandâ veniâ delictorum. Ibi prædicantibus pacem sacerdotibus, sopiuntur odia, discordiæ propulsantur, relaxantur debita et animorum unitas reparatur. Si quis autem in tantum malum progressus fuerit, ut nolit peccanti in se dimittere, aut undè piè admonetur sacerdotibus obedire, statim ejus oblatio, tanquam immunda de plaustro abjicitur, et ipse cum pudore multo et ignominiâ à sacri populi consortio separatur.

Hæc porro fidelium devotio in tantum Deo grata et accepta visa est ut ad eorum preces et beatæ Mariæ invocationem infinita miracula facta sint et peccatores ad pœnitentiam conversi. Ibi, inquit Haimo, ad orationes fidelium videas infirmos quosque a languoribus variis debiles in plaustris quibus impositi fuerant, sanos exsurgere, mutos ad laudes Dei ora aperire et vexatos à dæmonibus saniorem mentem recipere. Videas sacerdotes Christi, plaustris singulis præsidentes, ad pœnitentiam, ad confessionem, ad lamenta, ad melioris vitæ propositum universos hortari ; ipsos humi prostratos ac toto corpore incumbentes, terram diutiùs osculari; senes cum junioribus et pueris tantillæ ætatis matrem Domini conclamare atque ad ipsam præcipuè singultus suspiriaque ab intimis præcordiis cum voce confessionis ac laudis dirigere.

Jàm vero quo ordine ad laborem omnes progrederentur idem auctor sic explicat. Ubi autem fidelis populus, ut ad cœpta redeam, ad clangorem tubarum, ad erectionem vexillorum præeuntium sese viæ reddidit (quod dictu mirabile est) tanta facilitate res agitur, ut eos ab itinere nihil retardet, non ardua montium, non profunditas interjecta aquarum, sed, sicut de antiquo illo Hæbræorum populo legitur, quod Jordanem ingressi sint per turmas suas : ita singuli, cùm ad flumen transmeandum venerint, è regione subito, ducente eos Domino incunctanter ingrediuntur; adeo ut etiam fluctus maris in loco qui dicitur Sanctæ Mariæ portus dùm transirent, ad eos venientes stetisse, ab ipsis transeuntibus fideliter asseratur.

Ubi vero ad Ecclesiam perventum fuerit, in circuitu ejus plaustra, velut castra spiritualia disponuntur, ac totâ nocte sequenti ab omni exercitu excubiæ in hymnis et canticis celebrantur. Tùm cerei et luminaria per plaustra singula accenduntur, tùm infirmi ac debiles per singula collocantur : tùm sanctorum pignora ad eorum subsidia deferuntur : tùm a sacerdotibus et clericis processionum ministeria peraguntur, populo pariter devotissime subsequente et Domini simul et beatæ Matris ejus clementiam pro restitutione debilium attentiùs implorante.

Hæc omnia tàm nova et singularia videntur ut ea paulo fusiùs referenda esse censuerim et integrum Haimonis abbatis hâc de re libellum in appendice exhibere. Hujus sacræ institutionis ritus, ait idem auctor, àpud Carnotensem ecclesiam est inchoatus ac deindè in nostrâ virtutibus innumeris confirmatus; postremo per totam ferè Normanniam longe latèque convaluit ac loca per singula Matri misericordiæ dicata, præcipuè occupavit [1].

1. *Annales Benedictini*, t. VI, p. 393. *Recueil des Historiens des Gaules*, t. XIV, p. 318-19. Le livre d'Haimon n'a pas été publié, comme le déclare dom Bouquet, mais ce fragment nous prouve qu'au XIIe siècle des populations entières, entraînées par la foi, entreprirent la construction de ces majestueuses cathédrales que nous admirons.

IV

L'Enfant de chœur de Notre-Dame.

Beaucoup d'historiens et de poètes attribuent à Jehan le Marchant la légende de l'enfant de chœur, mais il est facile de se convaincre de cette erreur par la lecture du *Livre des Miracles de Notre-Dame de Chartres* publié par M. Duplessis en 1855, à Chartres, chez Garnier. Il est probable que ce miracle fut opéré longtemps après la reconstruction de la cathédrale, car Jehan le Marchant l'aurait constaté dans son poème. Sébastien Rouillard raconte ainsi le fait :

« On observe encores une cérémonie en la dicte église de laquelle plusieurs s'estonnent et dont la raison mérite d'estre entendue. C'est que quand le sieur Evesque officiant chante le *Pax vobis*, ou qu'un autre prebstre chante le *Dominus vobiscum* soit à Messe, Vespres, Matines et autres Heures canonialles, le chœur ne lui respond point à haulte voix, ains le plus proche Prebstre ou Marguillier tout bas. Ce que les uns disent estre un moniment perpétuel de l'ancienne persécution des premiers chrestiens, tant de Chartres que d'ailleurs pour ce que selon le dire du vénérable Fulbert, en la troisiesme epistre, le service divin, qui se célèbre en liberté avec allégresse et jubilation, devient muet pendant la tyrannie.

« Les aultres adjoustent telle cérémonie avoir esté introduite de longue antiquité, à cause qu'il y ha eu de tout temps affluence si grande en la dicte église et si grand bruit de peuple, spécialement ès festes solemnelles que ceux qui sont dans le chœur et à l'autel, malaisément se peuvent-ils entendre les uns les autres, en leurs psalmodies et chants alternatifs.

« On y adjouste encores l'histoire d'un miracle advenu comme on croid, du temps de Gaufridus soixante et uniesme evesque de Chartres, l'an 1116, et fondateur de l'abbaïe de Josaphat, aux faulx-bourgs du dict lieu. Car comme la veille de Toussaincts, on faisoit à la manière accoustumée et qui se garde encores, une procession dévote et solemnelle aux Grottes ou saincts lieux : d'aventure l'un des enfans de chœur qui portoit l'un des chandeliers, n'y prenant garde, tomba dans le puits des Saincts-Forts, attenant de l'autel de la Vierge. Néantmoins sans s'estre blessé ne offensé, quelque temps après revint de là par l'aide et support d'icelle, et comme on lui demanda ce qui lui estoit advenu au fonds du puits, respondit entre autres choses qu'il avoit ouï les anges jubilans et respondans aux prières publiques que l'on faisoit en l'église de Chartres 1. »

V

Indulgences accordées par le pape Alexandre IV en faveur de ceux qui visiteront l'église de Chartres, à l'occasion de la dédicace de cette basilique.

1260.

ALEXANDER episcopus, servus servorum Dei, venerabili fratri episcopo et dilectis filiis capitulo Carnotensi salutem et apostolicam benedictionem. Licet is, de cujus munere venit, ut sibi a fidelibus suis dignè ac laudabiliter serviatur, de abundantiâ pietatis suæ, quæ merita supplicum excedit et vota, bene servientibus multo majora retribuat,

1. *Parthénie*, 1re partie, p. 161.

quàm valeant promereri, nihilominùs multum
desiderantes nos reddere Domino populum accep-
tabilem, fideles Christi ad complacendum ei quasi
quibusdam illectivis muneribus, indulgentiis
scilicet et remissionibus invitamus, ut exindè red-
dantur divinæ gratiæ aptiores. Cùm igitur, sicut
ex parte carissimi in Christo filii nostri regis
Franciæ illustris fuit propositum coram nobis,
ecclesia vestra, in quâ multorum sanctorum reli-
quiæ pretiosissimæ sub venerandâ custodiâ con-
servantur et ad quam de diversis partibus ob
reverentiam gloriosæ Mariæ semper virginis cau-
sâ devotionis innumera confluit multitudo, debeat
in proximo dedicari, nos cupientes ut eadem ecclesia congruis honoribus frequentetur, omnibus
verè pœnitentibus et confessis ad ipsam ecclesiam
accedentibus proximâ die dominicâ post festum
beati Lucæ, quâ dedicabitur, sicut fertur, et usque ad proximum sequens festum Nativitatis Do-
minicæ accedentibus tres annos et totidem qua-
dragenas, illis verò qui ad ecclesiam ipsam in
anniversario die dedicationis ipsius ecclesiæ, et
usquè ad sequens festum ejusdem Nativitatis
Domini accesserint annuàtim, annum unum et
quadraginta dies de omnipotenti Dei misericordiâ

et beatorum Petri et Pauli apostolorum ejus auctoritate confisi, de injunctâ sibi pœnitentiâ misericorditer relaxamus.

Datum Anagniæ X calendas Aprilis, pontificatus nostri anno sexto[1].

VI

Les Artistes au XIVᵉ Siècle.

LES *Archives de l'Aube* contiennent de curieux documents sur les artistes au XIVᵉ siècle. Ces documents se trouvent dans les *comptes de l'œuvre* de Saint-Pierre dont le premier porte la date de 1366. Le chapitre seul est chargé de la construction de la cathédrale et de pourvoir à toutes les choses nécessaires au culte. Des chanoines enregistrent avec soin les recettes et les dépenses sur des cahiers en parchemin.

Le premier peintre-verrier dont les registres fassent mention s'appelle Guillaume Brisetout. Le verre blanc coûte 4 sous le pied et le verre peint

[1]. *Gallia Christiana*, t. VIII, *Instrumenta ecclesiæ Carnotensis*, p. 370.

12 deniers de plus. Guillaume en fournit pour la somme de 194 livres 7 sous et disparaît de Troyes, sans doute malheureux dans ses entreprises, car sa femme se plaint devant le chapitre de la perte qu'elle éprouve « à tenir les vallets » depuis le départ de son mari, et obtient une gratification de 100 sous. Jehan de Damery veut entreprendre de grands travaux, mais son ouvrage est déclaré « non valable » par les ouvriers. Quoique protégé par Drouin de la Marche, neveu de l'évêque, Jehan de Damery quitte Troyes après avoir perdu plus de 24 livres. Jacquemin lui succède, fournit le verre pour 3 sous 4 deniers et déplore la perte qu'il éprouve. Le chapitre, craignant sans doute son départ, lui accorde une gratification de 40 sous.

Le maître-maçon est Jehan Thierry, successeur de Thomas. Cet habile architecte ne gagne que 4 sous par jour. Il exécute d'importants travaux que visitent Droet de Dampmartin, maçon, demeurant à Paris, rue de Joigny, vers la porte Baudet et deux autres maçons de la même ville que le chapitre a mandés à grands frais de la capitale[1].

1. *Construction d'une Notre-Dame au XIIIe siècle.* Paris, 1858, Aubry, p. 53.

Michelin et Jehan Thierry présentent au chapitre sur une peau de parchemin le dessin du jubé qu'ils désirent construire. Henry de Bruisselles veut concourir et montre son dessin aux bourgeois et aux ouvriers de la ville qui « le tiennent pour estre le meilleur. » Henry fait venir de Paris Henry Soudan « pour marchander le dit jubé » et passe marché le 20 octobre 1382 pour la construction. Les susdits maçons doivent travailler continuellement l'hiver et l'été jusqu'à l'achèvement du jubé, sans s'occuper des sculptures que les chanoines feront exécuter par Denisot et Droin de Mantes. Henry Soudan et Henry de Bruisselles, dont le salaire est fixé à 25 sous par semaine, promettent de donner « bonne caucion jusques à quatre cens frans à Messieurs les chanoines de faire bon ouvraïge et loyal » et obtiennent une belle maison « souffisante pour leur demourance. » Le marché est revêtu du sceau du Châtelet de Paris; Henry Soudan, Henry de Bruisselles et Marguerite, belle-mère du premier, s'engagent solidairement à fournir la caution.

Monseigneur l'évêque Pierre d'Arcis pose la première pierre du jubé, le 22 avril 1385 et donne 100 sous. Messire Thomas de Braux paie 5 sous l'honneur de poser la seconde. Les travaux sont poussés avec activité par les maçons qui acquièrent de beaux deniers. Henry de Bruisselles se marie même dans la capitale de la Champagne et mérite d'être appelé « pour une consultation » dans les travaux entrepris par la ville[1].

L'horloge placée dans l'église près du chœur est fort endommagée. Pierreçon de Saint-Marc, demeurant à Châlons, se charge de la réparer et reçoit 7 livres 5 sous pour prix de son marché. Denisot refait les *ymaiges* des *heures*, écrit le nom des douze mois de l'année, répare l'*ymaige* des signes du zodiaque et de celui qui fit le premier l'horloge. Guillaume de Varach écrit le calendrier sur trois peaux de parchemin[2].

L'horloge de la cathédrale de Chartres à cette époque était encore dépourvue de sonnerie. Il fallait qu'un homme salarié par le chapitre frappât les heures sur une cloche. Le 20 septembre 1302, Philipot Mauvoisin s'engage à faire sonner

1. *Comptes de l'église de Troyes*, 1375-1385, publiés par GADAN, Troyes, 1851, p. 17.
2. *Comptes de l'église de Troyes*, p. 20.

l'horloge par un mécanisme comme celle du Palais de Paris. M. Lecocq a découvert dans de vieux registres le marché conclu par cet artiste inconnu et dont nous publions un fragment.

« Lequel Philipot Mauvoisin a prins de mes diz seigneurs Doyan et Chapitre de Chartres, à faire et parfaire ledit orloge à martel de la devise dessus dite et quérir tout ce que dessus est devisé et toutes autres chouses necçaissaires à ses propres coutz et despens, pour le prix de IIII. xx livres tournois une fois paiez, et la doit rendre assise et sonnant justement, dedens le premier jour de mars prochain venant, et oultre, ycelle parfaire et mise à juste point pour la gouverner, soustenir et maintenir, attemper et faire sonner continuèlement de tout ce qu'il y faudra et sera necçessaire, excepté de charpentarie, aura pour chacun an, XXV livres tournois, tant qu'il plaira à Messieurs et quant y ne plaira plus à Messieurs que ledit Philipot la gouverne, il le doit laissier et rendre bien sonnant et en bon estat de tout ce qui y doit appartenir, excepté de charpenterie, comme dessus est dit.

VII

Clôture du chœur de Notre-Dame de Chartres.

La clôture du chœur de la cathédrale de Chartres a depuis longtemps excité l'admiration des pèlerins et des touristes. Plus belle que celle du chœur de Notre-Dame de Paris, exécutée au XIVe siècle par Jehan Bary et Jehan Boutciller, elle ne comprend pas moins de quarante groupes historiés, composés de statues presque aussi grandes que nature et représentant les principaux faits de la légende de Marie et de l'histoire évangélique. On sait que le chancelier du chapitre Mainterne fut chargé de rédiger et d'écrire « soixante-huit histoires tirées de la Bible » et que ce nombre fut réduit à quarante. Les travaux commencèrent dès l'année 1514, les ouvriers ne gagnaient que cinq sous par jour.

GROUPES DU TOUR DU CHŒUR.

A droite, près du transept méridional :

1. *L'Apparition de l'ange à saint Joachim;*

2. *L'Apparition de l'ange à sainte Anne;*

3. *Rencontre de saint Joachim et de sainte Anne.*

Sous ce groupe on voit encore un autel très-curieux autrefois dédié à saint Lubin.

4. *La Nativité de Marie;*

Ces quatre groupes furent exécutés suivant le marché passé le 2 janvier 1518 par Jehan Soulas, maître imagier à Paris, pour la somme de 280 livres tournois.

5. *La Présentation de Marie au Temple;*

6. *Mariage de la vierge Marie avec saint Joseph;*

7. *L'Annonciation à la Vierge Marie;*

8. *La Visitation de la vierge Marie à sainte Elisabeth;*

Entre ce groupe et le suivant, un cadran soutenu par deux anges indiquait les heures, les jours, les mois, le lever et le coucher du soleil, l'âge de la lune et les signes du zodiaque. Au haut de l'horloge qui a disparu se trouvait « un réveille-matin composé de petites cloches, qui, animées par de secrets ressorts, sonnaient une hymne à Notre-Dame [1].

[1]. *Histoire de l'auguste et vénérable église de Chartres,* par V. SABLON, p. 28.

9. *L'Ange apparaît à saint Joseph ;*
10. *Naissance de Jésus ;*
11. *La Circoncision ;*
12. *L'Adoration des Mages.*

Ces groupes sont probablement dus à Jehan Soulas ou à son école, car on sait que les premiers groupes à droite et à gauche, c'est-à-dire « depuis le jubé du côté de l'Evangile et du côté de l'Epitre » furent posés dans la première moitié du XVIe siècle.

13. *La Présentation de Jésus au temple ;*
14. *Le Massacre des Innocents ;*

Ce groupe et celui de la *Présentation* furent exécutés suivant le marché passé avec François Marchant, imagier à Orléans, le 12 septembre 1542 pour la somme de 280 livres tournois.

15. *Le Baptême de Jésus ;*

Œuvre de Nicolas Guybert, sculpteur imagier, demeurant à Chartres en 1543.

16. *La Tentation de Notre-Seigneur ;*
17. *La Chananéenne ;*
18. *La Transfiguration ;*

Ce groupe et les deux précédents, sculptés à Chartres, furent posés en 1612, suivant le marché passé par Thomas Boudin, demeurant à Paris, le

20 août 1611, moyennant la somme de 800 livres tournois. Au dessous de la *Chananéenne* une petite plaque de marbre noir porte encore le nom de l'artiste.

19. *La Femme adultère;*

Œuvre de Jean de Dieu, d'Arles, sculpteur du roi à Paris en 1681.

20. *La Guérison de l'aveugle-né;*

Groupe posé en 1683 par Pierre Legros, né à Chartres en 1628, reçu à l'Académie le 15 septembre 1663 et décédé à Paris, le 10 mai 1714, à l'âge de 86 ans.

Sous de saintes reliques conservées dans de belles châsses s'élevait à la suite de ce groupe un autel qui a disparu.

21. *L'Entrée de Jésus à Jérusalem* ou *la Fête des Palmes;*

Ce groupe, occupant deux niches, est l'œuvre de Tuby le jeune, frère de Jean-Baptiste Tuby dit le Romain et fut exécuté, suivant le marché passé le 16 juillet 1703, moyennant 1,200 livres.

22. *L'Agonie de Jésus;*
23. *La Trahison de Judas;*
24. *Jésus devant Pilate;*

Ces trois groupes furent exécutés et posés en 1716 par Simon Mazières, sculpteur à Paris et frère de Philippe Mazières, sculpteur du roi. Le marché pour les deux premiers groupes fut passé à Paris par devant Mes Baudin et Dutartre, notaires au Châtelet, le 30 septembre 1715, moyennant la somme de 2400 livres.

25. *La Flagellation;*

Groupe posé en 1714 par Simon Mazières, suivant marché du 23 novembre 1712, pour la somme de 500 livres.

26. *Le Couronnement d'épines;*

Du même sculpteur en 1715, suivant marché du 21 novembre 1714, moyennant 600 livres.

27. *La Crucifixion;*
28. *La Descente de Croix;*

Ces deux groupes furent posés en 1714 par Simon Mazières, suivant les marchés des 10 septembre et 5 octobre 1713, moyennant 2,600 livres.

29. *La Résurrection;*
30. *L'Apparition aux saintes femmes;*
31. *Jésus et les disciples d'Emmaüs;*
32. *L'Apparition de Jésus à Thomas;*

Ces quatre groupes furent posés en 1611 par

Thomas Boudin, suivant marché du 2 juin 1610, moyennant la somme de 1.600 livres. Par ce marché Boudin devait en outre faire une des statues des évêques qui ornent le pourtour du chœur et restaurer deux figurines. Le nom de l'artiste est gravé sur une petite plaque de marbre noir au-dessous du 32e groupe, T. BOUDIN, 1611.

33. *L'Apparition de Jésus à sa divine Mère;*

34. *L'Ascension;*

35. *La Descente du Saint Esprit;*

36. *L'Adoration de la Croix par la sainte Vierge;*

La tradition rapporte que Marie, tant qu'elle vécut, visita fréquemment les différents endroits témoins de la Passion de son divin Fils. *Légende dorée.*

37. *Le Trépassement de la sainte Vierge;*

Par une permission divine, les apôtres, dispersés dans les diverses régions du monde, ont été enlevés sur des nuées et déposés dans la demeure de Marie, sur le versant de la montagne de Sion. La bienheureuse Vierge entièrement vêtue, est couchée sur son lit; elle a fait son testament « commandant à saint Jean de donner deux robes qu'elle avait à deux filles là présentes et qui avaient demeuré plusieurs années en sa compagnie » et tient en ses mains un cierge bénit que lui a donné saint Pierre. Celui-ci revêtu de l'aube, de l'étole et de la chape, tient un goupillon pour asperger d'eau bénite la sainte mourante. Saint Jean s'appuie sur le lit de sa mère adoptive et verse des larmes. Saint Jacques-le-Majeur à genoux recite le chapelet, saint Jacques-le-Mineur prend ses *lunettes* pour lire dans un livre de prières. (*Description de la cathédrale de Chartres*, par l'abbé BULTEAU, p. 153).

38. *Le Portement de la sainte Vierge*;

Saint Pierre préside au convoi funèbre, saint Jean ouvre la marche, saint Jacques-le-Majeur porte le goupillon et récite le chapelet, saint Jacques-le-Mineur tient le rituel et le bénitier.

39. *Le Sépulcre de Notre-Dame;*

Jésus, accompagné de quatre anges, est descendu des cieux pour bénir le corps virginal de Marie qui se lève du tombeau. Sous ce groupe est une belle porte en bois sculpté qui ferme l'entrée de l'ancienne chapelle Saint-Guillaume.

40. *Le Couronnement de la sainte Vierge*;

Les auteurs de ces huit groupes sont restés inconnus. Challine croit que les artistes qui sculptèrent les figures du clocher-neuf commencèrent les premiers groupes du tour du chœur à droite et à gauche. L'abbé Brillon, chancelier de l'église de Chartres, attribue les groupes 39, 40 et 41 à Jehan Soulas en 1520, ainsi que les huit premiers groupes et les chapelles de Saint-Guillaume et de Saint-Jean qui existaient dès 1515 autour du chœur et qui servent actuellement de chambres aux serviteurs de l'église. M. Lecocq, auquel nous devons ces précieux renseignements, croit que les groupes 34, 35, 36, 37 et 38 sont également de Jehan Soulas ou de son école, et non point de Jehan de Beausse, comme l'affirme M. l'abbé Bulteau.

Rouillard qui visita la cathédrale de Chartres vers 1608 parle ainsi de la clôture : « Autour dudit chœur, entre les coulomnes et arcades qui font la clôture d'icelui, sont quatre chapelles excellentes destinées à la garde de plusieurs saincts reliquaires. Puis deux domes eslevez sur la dicte closture en l'un desquels est un resveille-matin composé de petites cloches qui, touchées par compas, sonnent une hymne de Nostre-Dame et en l'autre est une horloge très-juste.

Laquelle closture de chœur est faicte d'une pierre fort blanche et polie, taillée et cizelée d'un ouvrage exquis, enrichie d'images, figures, hiéroglyphes et autres artifices. Et sur cette closture sont représentées les histoires de la vie ou gestes de Nostre-Dame et mystères de nostre Rédemption, par un cizelage naïfvement bien faict ; ensemble quelques représentations des miracles de la saincte Tunique ou Chemise de la Vierge[1].

Beaucoup d'autres sujets tirés de la Bible, de l'histoire locale et de l'imagination des artistes ornent en outre cette magnifique clôture. Le stylobate dans sa courbure absidale ne contient pas moins de 36 médaillons parmi lesquels on remarque près de la porte latérale du midi la victoire du *Pré des Reculés*. Plus loin à la suite de l'histoire de *David*, de *Daniel*, de *Moïse*, de *Samson* et de *Jonas* sont des sujets purement mythologiques, tels que le *meurtre d'Antée* par *Hercule*, *le vol des bœufs de Cacus par Hercule*, et des empereurs romains, tels que *Titus*, *Domitien*, *Néron le cruel César*...

1. *Parthénie*, p. 134.

Quelques archéologues croient que le mur de la clôture du chœur était *transparent*. M. l'abbé Bulteau n'admet point cette hypothèse et reconnaît que les groupes historiés et les baldaquins de la clôture ont été masqués seulement pour le clergé qui se trouve dans le chœur à l'époque de la *décoration* sous Mgr de Fleury.

M. Lecocq a découvert le nom de quelques artistes qui travaillèrent aux sculptures qui forment le couronnement de la clôture. Ces artistes sont Mathurin Delorme, de Chartres, en 1530, Claude Auger, de Lyon, en 1698, Martin Dangerville et Louis Lagrange, de 1705 à 1716. On a conservé encore un marché pour une partie de ces sculptures qui coûta au Chapitre 3.300 livres tournois.

Le 13 août 1727 le sieur Ragouleau, greffier de la mairie de Loëns, donnait quatre statues d'évêques pour orner des niches vides au pourtour et en dehors des groupes du chœur. Parmi ces statues était celle de Fulbert qui tient dans ses mains une feuille sur laquelle on peut apercevoir le dessin de la cathédrale de Chartres. D'autres dons considérables de MM. Edeline, Cheminade, Etienne et d'autres chanoines permirent au chapitre de pouvoir faire terminer la belle clôture du chœur commencée dès l'an 1514.

Parmi les documents que nous devons à M. Lecocq nous citerons surtout le marché passé avec Jehan Soulas, dans lequel Jehan de Beausse, maître maçon, n'est point désigné comme *imagier*, mais comme *architecte*.

MARCHÉ PASSÉ LE 2 JANVIER 1518,
(1519 nouveau style)

Avec Jehan Soulas et extrait des Registres des notaires du chapitre de Chartres.

Vol. 38 (1501-1520).

— 2 janvier 1518. —

Vint et fut présent en sa personne Jehan Soulas, maistre ymager demourant à Paris au cymetière Saint-Jehan, paroisse de S. Jehan en Grève, lequel congnut et confessa avoir marchandé avecques nous ès personnes de vénérables personnes, Maistre Jehan Dudrac chantre, Agnan Viole chamberier et Loys Joudart, chanoines en l'église de Chartres, maistres et administrateurs de l'œuvre de la dite église ad ce par nous commis et députez, et en suivant notre conclusion faicte vendredi dernier passé, stipulans pour nous en cette partie, en la manière qui ensuit.

C'est assavoir que le dit Jehan Soulas a promis faire bien et deuement, ainsi qu'il appartient, de bonne pierre de la carrière de Tonnerre, les ymages qu'il fault pour quatre histoires cy-après désignées :

En la première histoire sera figurée Joachim en l'aage de quarante ans environ, gardant les bestes avecques deux chèvres, trois moutons et deux aigneaulx, deux bergers et ung chien, et l'ange descendant du ciel et parlant à luy.

En la seconde on figurera Anne en l'aage aussi de XL ans ou environ, triste et dolens, gardant sa maison avec sa chamberière et l'ange descendant du ciel parlant à elle, et devant elle ung oratoire et près d'elle ung oriller et un chien barbet sortant de dessoubz l'oratoire.

En la tierce sera figurée la ville de Jérusalem et en une des portes qui sera dite la *porte dorée* arriveront Anne et Joachym, l'un d'un costé et l'autre de l'autre et derrière Joachym ung levrier et du costé de Saincte Anne sa chamberière.

Et en la quatrième histoire sera figurée saincte Anne couchée au lict et une femme qui tiendra la Vierge Marie et deux autres femmes l'une tenant un pot en façon d'argent descouvert, et l'autre faisant de la bouillie et au dessoubz du lict une cuvete et au cousté du lict joignant le bort sur une escabelle aiant ung linge dessus, un bassin et une coupe en façon d'argent, le lict à pilliers, et du linge à l'entour des pilliers en façon de rideaulx de lict, et au-dessus un ciel où il y a des campanes pendantes au bout du lict.

Et le tout aussi bien et mieulx qu'il est figuré et que les dites histoires sont pourtraictes et figurées de blanc et de noir sur deux pièces de toille pour ce faictes et présentement exhibées et délaissées au dit Jehan Soulas pour faire les dites ymaiges à la semblance du pourtraict. Lesquelles deux pièces de toille ainsi pourtraictes et figurées, iceluy Soulas sera tenu rendre à mesdits sieurs de Chapitre avecques les dits ymaiges. Et si a promis le dit Soulas faire les dits ymaiges aussi bien et mieulx que ceulx qui sont autour du cueur de l'église Notre-Dame de Paris. Pour les devant dits ymaiges asseoir en la cloture du cueur de la dite église de Chartres du cousté destre sur la seconde chapelle en laquelle est de présent la chapelle Sainct Lubin[1]. Et oultre a promis le dit

1. Groupes 1, 2, 3 et 4.

Soulas rendre et amener en ceste ville de Chartres à ses propres coustz et despens, périlz et fortunes, dedans ung an prochainement venant ou plustost les dites ymaiges sains et entiers et les asseoir aussi sains et entiers ès lieux et endroitz qui lui seront monstrez par le maistre maçon de la dicte église de Chartres[1] en la dite cloture du cueur, laquelle closture aura deux pieds et demiz despez.

Et le tout rendre fait et parfait, ainsi que dit est dedans ung an prochainement venans aux propres coutz et despens, périls et fortune dudit Soulas, comme dessus est dit, sans que mes ditz sieurs de Chapitre soient tenuz aucunement récompenser iceluy Soulas. Ce marché fait moiennant le pris et somme de deux cens quatre-vingt livres tournois que mes ditz sieurs de Chappitre de Chartres seront tenuz pour toutes choses quelzconques paier au dit Soulas au feur qu'il besongnera, sur laquelle somme de II^c IIII^{xx} tournois le dit Jehan Soulas a présentement eu et receu par les mains de Maistre Laurens Le Camus prebstre, clerc dudit euvre la somme de

1. Jehan de Beausse depuis 1507.

quarante livres tournois dont est quittant. Et davantage le dit Soulas a promis bailler bons plèges et suffisans de bien et loyaument faire et parfaire, rendre et asseoir les ditz ymaiges, ainsi que plus au long est cy dessus dict et devisé. Promectant et obligé sans renonciation. Présens ad ce pour tesmoings honnestes personnes Augustin Frérot, notaire de la court épiscopal de Chartres et Huguet Lemaire, huissier de mes ditz sieurs de Chappitre, demourant à Chartres.

VIII.
Pourquoi le sol de Notre-Dame ne forme pas une nécropole chrétienne.

Rouillard nous en donne la raison : « La dicte Eglise ha, dit-il, cette spéciale prérogative d'estre réputée la CHAMBRE OU COUCHE de la Vierge... Pour marque de ce, la terre d'icelle Eglise ha esté jusqu'à hui conservée pure et entière, sans avoir jamais esté fossoiée, ni ouverte pour aucune sépulture. Les Déliens mesmes le practiquoient ainsi en l'honneur de Latone ; ou plustost cela auroist esté de tout temps observé, en l'Église des onze mille vierges de Coulongne : ainsi que l'escript Herman Fleïen, au livre de leur vie et martyre. Ce n'est pas que les ossements des fidelles trespassez de ce siècle, en la grâce de Dieu, ne méritent d'estre déposez en lieu sanctifié, comme l'usage en est tel. Mais pour ce que tout corps mort implique de la corruption. Que pour cette cause la Loi Mosaïque en deffendoit l'attouchement au grand Prebstre et qu'il ha esté un long temps en l'Eglise chrestienne, que personne n'estoit enterré ès Basiliques ou chappelles des Martyrs. C'est la cause principale pour laquelle ne s'est jamais faicte aucune inhumation en l'Eglise de Chartres.

On y en peut néantmoins adjouster une accidentaire, qui est, qu'estant creuse dessoubz à l'endroit de ses Grottes, si on eust permis d'ouvrir la terre, en ce qui reste solide, tout le bastiment eust couru grand danger.de ruine : pour ce qu'à cause de l'extrême dévotion, qu'on ha de tout temps portée à cette Eglise, tant de cardinaux, d'évesques, tant d'abbez, tant d'ecclésiastiques, tant de rois, roines, princes, princesses, seigneurs et dames, y eussent esleu leur sépulture, qu'il n'y eust eu coing de la dicte terre, qui n'eust esté mille fois remué, avec force tombes, force marbres et autres charges dessus.

De sorte qu'en l'année mil cinq cens soixante-huict, comme on s'efforcea par jussions réitérées du Roi, et à l'instance des plus apparens Princes et Seigneurs de la cour, d'enterrer au chœur d'icelle Eglise, le sieur Baron de Bourdeilles, colonnel des Gascons, qui avoit esté tué deffendant la bresche de la ville contre les Huguenots. Sur ce que les sieur Doien, Chanoines et Chapitre, après avoir faict toutes les résistances à eux possibles, s'apperçeurent que c'estoit leur plus court, d'acquiescer au temps. Ce fut avec condition expresse que la terre ne seroit point ouverte et que la bière ne toucheroit point au pavé : ains seroit sur icelui posée une grille de fer, sur icelle la Bière, et close de toutes parts, d'une forte pierre de taille, sans épitaphe, graveure ny escripture [1].

Le convoi, dont toute la ville fit les frais, eut lieu le samedi 27 mars au son des *tabourins* et des fifres. La dépouille mortelle du brave d'Ardelay, renfermée dans un cercueil de plomb fut mise dans

1. *Parthénie,* p. 160.

un tombeau de pierres de taille construit au fond du chœur de Notre-Dame, à gauche du maître-autel[1].

Le bon Rouillard, qui vit en 1608 la tombe du vaillant colonel, ajoute que beaucoup croyaient « que le corps n'y dura pas longtemps. » En effet le tombeau fut détruit en 1661 et le cercueil fut inhumé dans le petit cimetière Saint-Jérôme. « Pour motiver cette disparition, les chanoines persuadèrent au peuple que la Sainte Vierge ne voulant pas souffrir cette inhumation permit au cadavre de faire paraître ses bras hors du tombeau pour demander une autre sépulture[2]. » Cette assertion paraît hasardée, il serait plus juste de dire que le chapitre fit disparaître cette tombe pour ne point déroger à l'antique coutume de l'église de Chartres.

IX.
La Sainte Châsse en 1793.

« Au retour d'un long exil que nous avons subi, ainsi que la plupart des ministres de l'Eglise de France, fidèles à la religion catholique romaine et

1. DE LÉPINOIS, *Histoire de Chartres*, t. II, p. 212.
2. DOYEN, *Histoire de Chartres*, t. II, p. 73.

au Gouvernement qui avait fait le bonheur de nos pères depuis tant de siècles, rapporte Mgr de Lubersac dans un Procès-Verbal, en date du 8 mars 1820, nous avions à peine posé le pied sur le sol de notre patrie où nous avions laissé de tristes souvenirs et des regrets si chers, que nous nous sommes enquis avec empressement et inquiétude de l'état présent de notre troupeau et de notre église, autrefois, hélas! si illustre et si florissante, motifs suffisants pour la supposer plus maltraitée par la horde impie et sacrilège qui avait promené la dévastation sur tout le territoire envahi par elle.

« Ce triste présage, trop bien fondé, ne se trouva que trop réalisé par la spoliation générale des églises de France et en particulier du trésor de notre église cathédrale; mais ce qui a excité le plus éminemment notre indignation et la vivacité de nos regrets, c'est l'enlèvement et la profanation de la précieuse relique dite la sainte chemise de la très-sainte Vierge, présent d'un empereur d'Orient à Charlemagne et donnée par Charles le Chauve, son petit-fils et arrière successeur, en 876, à l'église de Chartres, d'après les chroniques de cette église et conservée depuis ce temps dans une magnifique châsse ou arche, couvêrte en totalité d'une feuille d'or, sur laquelle étaient représentés les douze apôtres, soutenue aux quatre angles par autant d'anges massifs en or et surchargée d'ornements en pierreries, perles, pierres gravées et autres bijoux précieux, presque tous dons de la piété des souverains français et étrangers envers la Mère de Dieu, le plus grand nombre par la reconnaissance de bienfaits miraculeux en leur faveur, de sa puissance infinie et de son insigne protection.

« Quelques renseignements nous sont parvenus par l'effet de nos recherches...

« Au mois de décembre 1793, des commissaires des trois corps constitués de la ville de Chartres s'étant réunis dans la sacristie de notre église cathédrale, se firent représenter par les sacristains la sainte châsse qui était confiée à leur garde ainsi que tous les objets précieux renfermés dans le trésor.

« A l'aspect de cette vénérable relique, ils furent saisis d'un sentiment religieux et ils arrêtèrent que la sainte châsse ne serait ouverte que par des ecclésiastiques; en conséquence de cette décision, M. l'abbé Jumentier, ci-devant curé de Saint-Hilaire de Chartres et ancien promoteur de notre diocèse, fut requis avec un autre ecclésiastique de se transporter à la sacristie. Lorsqu'ils furent arrivés, M. Guillard le jeune, en sa qualité de procureur de la commune, les invita à procéder à l'ouverture de ladite châsse et d'en extraire eux-mêmes toutes les reliques qui y étaient renfermées. Cette ouverture fut faite en présence au moins de cinquante personnes, toutes pénétrées de respect pour les objets qui avaient été depuis si longtemps exposés à la vénération des peuples. Ce respect redoubla, lorsqu'on retira d'une petite châsse d'argent le précieux voile appelé la *sainte chemise*. Cette antique relique qui consistait en deux voiles, dont l'un servait d'enveloppe à l'autre, fut présentée à tous les assistants...

« Ces deux voiles allaient être replacés dans la petite châsse d'argent qui les contenait, lorsque des personnes en demandèrent quelques fragments. Malgré les observations religieuses des deux ecclésiastiques qui firent tous leurs efforts pour les conserver dans leur intégrité, les deux voiles furent coupés et divisés et plusieurs morceaux furent donnés à ceux qui en demandaient.

« Par le même procès-verbal il fut arrêté que ce qui restait des deux voiles serait envoyé à M. l'abbé Barthélemy, célèbre antiquaire orientaliste, membre de l'Académie des sciences et belles-lettres de l'Institut, pour le soumettre à son jugement et à ses observations, sans l'informer de son origine, de sa qualité et de son mérite. Les commissaires reçurent pour réponse que c'était un voile de soie qui avait plus de deux mille ans et semblable à celui qui servait de voile aux femmes dans les pays orientaux. »

Mgr de Lubersac eut d'abord le bonheur de recouvrer deux notables morceaux conservés par M. Loret, juge de première instance à Paris, et par M. Guillard, homme de lettres et frère du procureur-syndic de la commune de Chartres. Mlle Maillard, sœur de M. l'abbé Maillard, ancien curé de Notre-Dame de Chartres, s'empressa de rendre les restes des deux voiles envoyés à M. l'abbé Barthélemy et conservés par M. Guillard le jeune, de sorte que l'église de Chartres put rentrer en possession de presque la moitié de cette précieuse relique qui attirait tant de pèlerins depuis le Xe siècle[1].

---

1. *Procès-Verbal de la découverte des fragments de la Sainte-Tunique*, communiqué par M. Lecocq.

TABLE.

Préface.	V
I. Origine de Notre-Dame de Chartres.	
1. Les Druides.	3
2. Les Chrétiens.	16
II. Célébrité de Notre-Dame-de-Chartres.	
1. Les Normands ou le Pré des Reculés.	33
2. Fulbert.	41
III. Construction de Notre-Dame-de-Chartres.	
1. Incendie de 1194.	51
2. Reconstruction.	57
3. Les Artistes au XIIIe siècle.	71
4. Splendeur de l'art catholique.	91
5. Pèlerinages et Renaissance.	112
6. Vandalisme.	132
7. Incendie de 1836.	148
Fragments sur l'Histoire de Notre-Dame de Chartres.	
1. La Paix fourrée ou Jean-sans-Peur à Notre-Dame de Chartres.	163

TABLE.

2. *Sacre de Henri IV.* 173

PIÈCES JUSTIFICATIVES.

1. *Description de la Vierge sous Terre.* 189
2. *Le Pré des Reculés.* I. 192
   — II. 198
3. *Construction de la Cathédrale.* . .
   I. Chronique de Normandie.. 201
   II. Lettre de Hugues, archevêque de Rouen.. 202
   III. Lettre de l'abbé Haimon de Saint-Pierre-sur-Dive.. 204
4. *L'enfant de chœur de Notre-Dame.* 208
5. *Indulgences accordées par le pape Alexande IV en faveur de ceux qui visiteront l'église de Chartres à l'occasion de la dédicace de cette basilique.* 210
6. *Les artistes au XIVe siècle.* . . . 212
7. *Clôture du chœur de Notre-Dame de Chartres.* 217
8. *Pourquoi le sol de Notre-Dame ne forme pas une nécropole chrétienne.* 231
9. *La Sainte-Châsse en 1793.* 234

www.ingramcontent.com/pod-product-compliance
Lightning Source LLC
Chambersburg PA
CBHW070644170426
43200CB00010B/2123